はじめての
ファシリテーション

―― 実践者が語る手法と事例

鈴木康久
嘉村賢州
谷口知弘 編

昭和堂

はじめに

　「ファシリテーション」の全てを学ぶことができる書籍がないだろうか。ないのであれば、自分たちで発刊できないか。様々な手法のノウハウや活用方法を知りたい方は多いのではないだろうか。そんな1冊が京都ならできるのでは、京都にはファシリテーター集団の「場とつながりラボ　home's vi」がある、まちづくりでファシリテーションを多用されている谷口知弘さんに声を掛けよう、京都府協働コーディネーターや京都市まちづくりアドバイザーなど多くの仲間がいる、そう考えて2018年3月13日にFacebookで、「執筆者募集」を呼びかけたのがスタートです。反響は大きく、30人以上もの参画を得て始まったのが本書です。集まった執筆者では補えない部分は、全国の仲間にお願いしました。

　集まった執筆者の経験や興味が異なるように、本書を手にされている方のそれぞれが、ファシリテーションに興味を持たれる理由が違うと思います。私の場合は3つの理由があります。20年ほど前になりますが、本書の執筆者でもある中野民夫さんの名著『ワークショップ』を手に取りました。当時、京都府庁で総合計画の策定を担当しており、新たな扉を求めていた頃です。インドに30か国から300人が集い、10日間のワークショップを行った事例が紹介されていました。どのようにして参加者を動かすか、シナリオを描くことができず、夢のように思えました。そんな私がファシリテーションを強く意識するようになったのは、京都府NPOパートナーシップセンターの開設を担当し、センター運営を10年にわたり担うようになってからです。センターの役割は、人と人、活動と活動をつなぐことです。そのために本書でも紹介しているブレインストーミング、KJ法、ワールド・カフェ、プロアクションカフェ、マイプロジェクト、OSTなどの手法を用いたワークショップや研修会を協働コーディネーターが中心になり100回ほど開催してきました。新たなことを求める参加者の想いを伝え合い、知識や知恵を引き出し、次の展開につなげることができれば成功です。不思議だったのは、ファシリテーターが議論するテーマの専門家でなくても、参加者の方々が、それぞれの知識や知恵を出し合うことで満足度が高まり、新たな気づきや発見を見出されることです。しかし、このようなワークショップや研修会を開催するには、テーマと目的に応じた手法を用いなければいけません。場の設計が重要であるのは誰もが感じることだと思います。

次にファシリテーターの必要性を感じたのは、京都産業大学の教員となり、PBL型授業で学生に課題解決能力を身に付けてもらうことが教育の重要な役割であることを知ってからです。まさに、教員がファシリテーターとして学生の力を引きだし、解決へと導いていく授業で、NPOパートナーシップセンター時代の経験が生きる場です。授業の場では、受け身の学生が他の学生よりも一歩先に出ることは容易ではありません。このような場で重要なことは、インタビューなどの傾聴であり、マグネットテーブルなどを使った話しやすい場づくりです。学生は「仲間になりたい」、「有意義な時間を持ちたい」と考えても、そのための手法は知りません。当然、ワークショップやファシリテーションなどの言葉も初めてです。教員が安心できる場づくりを行い、受け身である学生の言葉を引き出し、多くの意見から学生自身が新たな答えを見出してくれる基本は対話です。アダム・カヘンが示す4つの段階で、対話の質を高めるための工夫が必要となります。本書では、この事例を多く掲載しています。

　最後は、ファシリテーションが日常においてどのように活用できるのかです。誰もが家庭、地域、仕事場の一員として、それぞれの立場でチームビルディングに関わり、日々の業務（活動）や企画（新製品の開発）づくりを担っています。その際に組織や会議をよい方向へ進めることの難しさを経験されていると思います。そのような場で必要になるのが、本書で紹介しているホワイトボード・ミーティング®などの可視化であり、傾聴であり、発散と収束などになります。場づくりでは、新たな風を入れるためにプロアクションカフェなどの手法を用いることもできますが、これまでの会議の場を改めることは難しい場合も多いでしょう。そのような場合に、本書にある手法や事例から得た考え方（精神）に立ち戻り、アイスブレイクやKPT法などの工夫を加えることで場の力を発揮できるようになります。

　このような場づくりのための手法や、経験が、この1冊にはつまっています。もちろん、ファシリテーションの世界は、日々進化しており、決してこれで充分ではありませんが、37名の著者が一丸となってできる全てを出しきりました。本書を手にとっていただいた方が、ファシリテーションの楽しさと、新たな可能性を感じていただければこれに勝る喜びはありません。

（編者を代表して　鈴木康久）

目　次

はじめに ……………………………………………………………………… i

第1章　ファシリテーションの基礎 ………………………………… 1
　はじめてのファシリテーションへようこそ　2
　ファシリテーション基礎論　6

第2章　ファシリテーションの手法 ………………………………… 19
　〈押さえておきたい手法〉
　ワークショップは初めの30分が勝負　20
　インタビュー　24
　ブレインストーミング　26
　KJ法　28
　ストーリーテリング　30
　〈知恵を集める手法〉
　ワールド・カフェ　32
　オープン・スペース・テクノロジー（OST）　36
　プロアクションカフェ　38
　マグネットテーブル　40
　フューチャーセッション　42
　空間（場）の具体的な作り方　44
　〈可視化で場を促進する手法〉
　ホワイトボード・ミーティング®　46
　グラフィック・ファシリテーション　48
　樹形図的思考整理法　50
　KPT法　52
　紙芝居プレゼンテーション法（KP法）　54
　〈少し応用、学んでおきたい手法〉
　アクティブ・ブック・ダイアローグ®　56
　マイプロジェクト（マイプロ）　58

ハテナソン　　60
    コーチング（傾聴と問いのスキル）　　62
    シナリオプランニング　　64
    未来を新聞記事として表現する　　66
    演劇ワークショップ　　68
    ロールプレイ　　70
    企画会議の進め方　　72

第3章　ファシリテーションの実践 …………………………………………… 77

〈地域づくり〉
　愛知県豊根村の村民と職員の協働による総合計画づくり　　78
　朝からつながるまちづくり　みんなでつくる「左京朝カフェ」　　82
　釜石○○会議　　86
　上京区民まちづくり円卓会議拡大会議　上京！MOW　　90
　京都府綾部市志賀郷町での「小さな拠点」づくり　　94
　子どもの思いを引き出すまちづくり　　98
　ゆがわら多世代ふれあい劇場　演劇ワークショップ　　102

〈学校教育〉
　お困りごと解決会議　　106
　「上賀茂学区まちづくりビジョン作成プロジェクト」　　110
　大学生が考える京町家の活用　　114
　地域デザイン実践論　　118
　堂本印象旧邸宅の活用　　122
　特定非営利活動法人 GNC Japan の「エコ教室」　　126
　NGO・NPO 論　　130
　PBL（課題解決型授業）で「スマイルプロジェクト」　　134
　Zoom オンライン・ファシリテーターの育成　　138

〈研修・人材育成〉
　「学生ファシリテータ」の育成　　142
　第4回 ESD ユース・コンファレンス　　146
　とくしま若者フューチャーセッション　　150
　共に本を読むことからはじまる学びの場　　154
　フィールドワークの疑似体験で地域や人間の多様性に学ぶ　　158

ナレッジ×DIY（参加体験型セミナー）　162
　　マイプロジェクト交換会　166
　　ママファシリテーター養成講座　170
　　AOH（アート・オブ・ホスティング）　174
　　SDGsをテーマとするハテナソンワークショップデザイン講座　178
　〈産業振興、商品開発〉
　　「これからの1000年を紡ぐ企業認定」認定授与式ダイアログ　182
　　地域イベントと地域名物を生み出すためのフューチャーセッション　186
　　つながる・ひろがる・うごきだす　中京クーチャーセンター　190
　　ながらスマホを減らすための商品開発　194
　　福祉作業所のデザイン力を高めるセミナー　198
　〈組織運営・改革〉
　　上京安心安全絆工房　202
　　授業、執行部会議での大規模ワークショップ　206
　　地方自治体の行政評価　210

第4章　ファシリテーションの今とこれから　215
　　進化の真っ只中にあるファシリテーション　216

　　結びにかえて　223

　　索　引

第 1 章

ファシリテーションの基礎

はじめてのファシリテーションへようこそ

　このたびははじめてのファシリテーションを手に取っていただきありがとうございます。この本はこれからファシリテーションを一から学び実践に役立てようとしている人向けに書かれたものです。初学者でもわかるように記述されていますのでファシリテーションにまだなじみがない人でも、安心して読み進めていただけます。

ファシリテーターが求められる時代になってきた

　ファシリテーション関係の本は最近書店で増えてきています。それは現代の社会の流れを象徴しているのかもしれません。教育ではアクティブラーニングの流れ、まちづくりでは一方的に行政機関が地域の未来を設計して展開していく流れから、市民も参画しながらまちの未来を創っていく参画型のまちづくりの流れが生まれ、企業においても従来のトップダウン型からボトムアップ型やヒエラルキー構造を越えた新しい組織形態まで生まれてきています。そのような時代変化の中でファシリテーションが今脚光を浴びてきているのです。

ファシリテーションを学ぶのは大変

　同時にファシリテーションの分野は今まで教科書というものがあまり存在していませんでした。なぜ存在しないかというとそれはファシリテーションの各種手法の発展の歴史にさかのぼることができます。現在使われているファシリテーションの理論やその手法群はファシリテーションという言葉でくくられていますが、その成立の歴史はバラバラであることが多いのです。時に心理学の分野から発展した理論やテクニックがあったり、演劇の分野から生まれたもの、開発教育から発展したもの、そしてビジネス分野で発展したものなど、それら別々のところで発展してきたものが同じ「ファシリテーション」という言葉で語られることが多く、書店で本を探してもなかなか自分の求めているものに出会えないという状況にあるのです。この本ではそれら多様にまたがる理論やテクニックを俯瞰的に見て整理する挑戦的な本でもあるわけです。

どんな場面でファシリテーションは使われているのでしょう

　そもそもファシリテーションという手法はどんな場面で活用されているので

しょうか。具体的場面を知ることでファシリテーションの効用や使い方のイメージを広げていきましょう。ここでは①用途による切り口と②形態による切り口で整理していきます。

ファシリテーションが使われる場面の例（用途）

①まちづくり

　近年日本の各地で参加型のまちづくりが盛んに行われるようになってきました。古くは行政機関がまちの計画づくりを行い、実行フェーズを市民と共に担うまちづくりが主流でしたが、現在では市民が参画して、自らの町の未来を自分たちで考え行動していく、新しい形のまちづくりが始まっています。公園や公共施設などのハードのまちづくりから、子育てや福祉といったソフトなテーマでのまちづくりまで様々なタイプのまちづくりが生まれてきています。

②教育現場

　ひと昔まえの教育では先生が生徒に対して一方的に知識を伝える一方通行の教育が当たり前でした。近年、アクティブラーニングやプロジェクトベースドラーニングという言葉がよく使われるように、双方向の教育の方法が盛んに行われるようになりました。画一的に同じものを教える教育から、1人ひとり個性に合わせて、才能を花開かせ、自ら考え行動する力を養う教育に変わってきていると言えるでしょう。

③企業研修

　企業の現場でも一方通行の研修・セミナーではない参加型のワークショップ形式の研修が増えてきています。受講生同士が対話を通じて自ら考え、腑に落とすことで知識の獲得にとどまるのではなく、現場における実務での成果に繋げていくことが期待されています。ワークショップ形式の研修プログラムを提供する研修会社もたくさん生まれてきています。

④新規事業開発やイノベーション

　ビジネス領域では日に日に周辺の環境変化が激しくなっている時代になってきています。今まで以上に企業は新しい商品の開発やイノベーションを生み出す必要性が生じてきました。その中でデザイン思考や各種アイデア発想法等、様々な思考法や、1人の力ではなく集団の知恵を紡ぎイノベーションを生み出すワークショップ手法が注目されてきています。

⑤組織運営・組織風土改革

　組織に所属すると、今までの人生では出会ったことはない、多様な人と関わって仕事を進めていくことになります。その時に組織内の人間関係やコミュニケーション環境を良くすることは、生産性に直結していくことになります。最近話題になっているブラック企業、メンタルヘルスの問題などは職場環境が過剰な効率性のもと、機能していないことの現れかもしれません。そんな組織内の風土、文化づくりにも各種ファシリテーション手法は期待されています。

⑥グリーフケアや当事者コミュニティ

　身近な人と死別を経験した人が対話を通じて立ち直っていくプロセスを支援するグリーフケアや発達障害を持つ人たちの当事者コミュニティなど、同じ困難を抱えている人同士が対話を通じて癒しを得て、力をつけていく（エンパワーメント）プロセスにもファシリテーションは力を発揮します。ダイバーシティの時代の必須スキルともいえるでしょう。

ファシリテーションの形態による分類

①会議のファシリテーション

　グループや組織活動を進めていくと、必ず発生するのが会議とかミーティングと呼ばれるものです。短いものでは10分ぐらいのものから長いものだと半日以上のものまで様々なタイプの場があります。多くの人がファシリテーションという言葉を聞いた時に一番先に思い浮かぶのがこの会議のファシリテーションではないかと思います。

②単発あるいは複数日完結のワークショップのファシリテーション

　対話系のイベントや社員合宿・ゼミ合宿など、まとまった時間で１つの目的に向けて場が進行していくプログラムがあります。達成したいゴール像に向けていくつかのパーツとなるファシリテーション手法を組み合わせ進行を進めていきます。

③プロジェクトのファシリテーション

　３ヶ月とか半年とかある一定期間をかけてチームで物事を進めることをプロジェクトといいます。プロジェクトをチームメンバーの力をうまく引き出し進めていくこともファシリテーションという場合があります。プロジェクトを進めるためには定期的に会議を行ったり、要所要所で合宿を行ったりまた各種視察やプロトタイプづくりなど様々な施策を組み合わせて活動を進めていきます。

④組織活動におけるファシリテーション
　プロジェクトはゴールと期限があるからわかりやすいですが大学や企業などの組織は常時、同僚や顧客とのコミュニケーションを行いながら組織活動が進んでいきます。その中で組織自体の理念やビジョンを探求し、日々の仕事内容を決めて、人と関わりながら仕事を進めていくことが必要になっていきます。こういった組織の運営そのものにもファシリテーションのスキルは活用されていきます。

　これらは形態は違いますが使う技術は共通していたりします。当然違う部分もあります。どの形態でどのような理論やテクニックを使うかもしっかり学んでいってください。

本書の使い方
　はじめての方も本書に記述している手順で進めれば、目的に応じたファシリテーションができることを目的に4章で構成しています。

　第1章は知っておきたい基本的な事項、第2章の手法ではKJ法やワールド・カフェなどの代表的な手法から、近年に開発されたグラフィック・ファシリテーションなど約20の手法を「概要」、「活用場面（効果）」、「留意点」「実施の手順」などで紹介しています。第3章の実践では、京都からの発信を意識し約40の実践例を示しています。創造の実践（解決した課題）のプロセスを「概要」、「この事例で伝えたいこと」、「詳細内容・プロセス」、「この事例から何が学べるか」などに区分し、読者が同様の場づくりをできるようにしています。第4章のファシリテーションの今とこれからでは、ファシリテーターが踏まえたい「調整型から生成型へ」、「言語中心から感情・感性・右脳的アプローチへ」などの6つの潮流について述べています。

　このように本書は様々な手法や事例を掲載することで、大学等の講義やファシリテーションの研修会などで使ってもらえる他、辞書的な機能を持つことも意識しています。また、手法の精神を知るために、手法が生まれてきた経緯なども記述するように配慮しています。

ファシリテーション基礎論

　ここからは、ファシリテーションの全体像を掴んでいきましょう。そもそもファシリテーションとは何なのか。そして具体的にファシリテーションをする上でのステップやポイントを学んでいきます。

そもそもファシリテーションって何

　ファシリテーションというのは英語の「facilitate」から来ている言葉です。日本語の意味は「促進する」とか「（事を）容易にする」という言葉から来ています。ワークショップの第一人者でもある中野民夫氏はファシリテーションのことを「人々が集い、何かを学んだり、対話したり創造しようとする時、その過程を、参加者主体で、円滑かつ効果的に促していく技法」と定義づけています。

ファシリテーションを使うとどうなるの（期待と効果）

　それでは、各場面でファシリテーションを活用するとどのような効果があるのでしょうか。ここでは実際に期待される効果についていくつか紹介していきます。
① 学びにおいては学習のスピードがあがり定着率が高まる。
　教育現場においてはファシリテーションを導入することで、一方通行の学びの場に比べ、1人ひとりが考える時間が増え、また知識をもとに対話する中で新たな気づきや知識の定着につながるようになっていきます。学びの中で参加者自身がアウトプットする機会があるのも学習効果につながっていきます。
② チーム活動においてはメンバー同士の相乗効果が高まり、成果の質が高まります。
　チーム活動にファシリテーションを取り入れることで一部のリーダーが引っ張っていくプロジェクトから、よりメンバーの主体性が引き出され、より活発なやりとりが生まれ、その結果思いもかけない成果が生まれたりします。
③ 多様な参加者の化学反応で創造を越えた問題解決やアイデアが出やすくなります。
　まちづくりや企業の新規事業の創造など創造的な場ではファシリテーションを活用することで新しいアイデアが生まれやすくなり、膠着していた問題を解

決したり、誰もが驚くようなイノベーションを生み出したりすることが可能になります。
④　参加者同士の関係性が構築されて、コミュニティが生まれたり、絆が深まります。

多様な人が集まる場で丁寧にファシリテーションを行うと安全に関係性が築かれ、参加者同士が好奇心でつながるようになっていきます。よりありのままを出せる関係になっていくことで、そこにコミュニティが築かれていくことになります。
⑤　1人ひとりの内省力が高まり、自発性が高まります。

ファシリテーションプロセスは参加者1人ひとりに考える時間を作っていきます。時に多様な人とのかかわりの中で、自分の価値観を問い直したり、自分の大切なものを考える時間も得られ、実現したい夢やアクションしたい次のステップが立ち現れ、1人ひとりの主体性に火が付くこともよくあります。

ここでは実際にファシリテーションを行っていく上で大切となる胆を4つのポイントという形で紹介していきます。

ファシリテーションを実践する4つのステップ

【ステップ1】目的・ゴール像を明確にする

導入でもお話ししたように、ファシリテーションは多様な歴史を持つ無数の理論やテクニックで構成されています。その中から適切な手法を取り出し、実際に場をファシリテーションしていくことになります。その時に設計のよりどころになり、迷った時の道標になるものが、「目的」というものです。常に以下の問いにファシリテーターは答えられるようにしておきましょう。
①今回ファシリテーションをする場（会議・ワークショップ・プロジェクト）の目的は何なのだろう？　なぜわざわざ私たちはこの場を持つのだろう？
②この場を通じて私たちは何を期待しているのか？
③終わった後に私たちや参加者はどのような状態になっていたいのか？
以上のことを場づくりを共にする人に共有したり、参加者を募集する時に明示したりすることで場の精度は高まっていきます。

【ステップ２】プロセスをデザインする

　目的や目指すゴール像が決まったら。そのゴール像に近づくためにプログラムを作っていきます。

参加者属性を把握しておこう

　プログラムを構成しプロセスをデザインするために重要なのはまず参加者の属性を把握しておくことです。集まって来る人たちの年齢層はどうなっているのか。すでに顔見知りの人たちか初対面の人たちの集まりか。ワークショップやファシリテーションに慣れている人かそうでないか。など参加者の人数や属性で内容は変わってきます。

大まかな流れを作る

　下記にまちづくりの１日ワークショップの参考例のプログラムをまとめてみました。地域に住む20代から70代までの様々な人たちが地域の課題について考え、提案を作るワークショップを想定しています。集まってくる人たちは初対面の人も多く、こういうまちづくりの場に参加した経験も少ないと想定しましょう。そうすると、初めに丁寧な説明が必要になってくるかもしれません。また初対面の人同士が初めから深い話をすることは難しいので、アイスブレイクや自己紹介の時間も丁寧に持ちます。その後、話し合いのもととなる情報をゲストの人にプレゼンテーションしてもらい、共通の情報を持つことでその後の話し合いがスムーズにいくようにデザインしていきます。そして参加者同士でざっくばらんに話し合い、いくつかの地域の改善アイデアを見つけていきます。最終的にはそれらを参加者同士で投票して行政に提案するという設計になります。慣れてくるとこのような流れは簡単に作れるようになりますが、初めのころは様々な人に相談しながらプログラムを作っていきましょう。

〔参考プログラム〕

①趣旨説明・ウェルカムトーク
②アイスブレイク
③参加者同士の自己紹介の時間
④地域の課題に関するプレゼンテーション

⑤参加者同士の話し合いの時間
⑥出てきたアイデアのプレゼンテーションと投票
⑦感想共有の時間

導入の設計（分かりやすい説明と安心・安全な場づくり）

　全体設計の中で特に重要なのが導入部です。導入時に全体の空気が完成しますので、特に注意を払って設計しなければなりません。その時に注意することが丁寧な説明と安心・安全な場づくりです。

参加者に地図を与える説明のフレームワークOARR

　会議やワークショップの参加者は特に初めての参加の場合、独特の難しさを持っています。1つは参加者によって持っている目的・期待が違ったり、あるいは丁寧に告知をしていても趣旨を勘違いして参加したり、また初対面同士が多い集まりの場合、多くの人は不安で表情も硬く、なかなか心を開いて対話を開始できなかったりします。そんな時に参加者に明確な説明を行うことで参加者のスタンスが明確になり安心感を持って場に入ることができるようになります。その時に役立つのがグラフィック・ファシリテーションで有名なデイビット・シベットが提案したOARRというフレームワークです（詳細は『ファシリテーション革命』（中野民夫））。この項目をもれなく導入時間に語ることで、参加者の不安を取り除いていきます。

O）outcome　成果・どこまで行こうとしているか。ゴール
　この集まりは何のために集まっていて、終わった後にどんな状態になっていたいか、あるいはどういうものを具体的に生み出したいのかを明確に参加者に提示します。

A）agenda　プログラムの流れ。大まかなスケジュール
　Outcomeの実現に向けてどういったステップや流れで時間を過ごすのかを詳しく説明します。休憩時間などもどこでとるかを明示していくと参加者は安心して参加することができます。

R）role　そこにいるすべての人の役割
　そこにいる人のすべての役割を説明しましょう。例えば見学者も含めて、知らない人がいると、主催者に意図はなくても、何か評価されている気がして不安になる人もいるかもしれません。

R) rule　共有すべきグランドルール、参加者の心得

「ちゃんと聴き合おう」、「多様な意見を大切にし合おう」など共通して大事にしたいグランドルールを明示することで参加者は安心して場に参加することができるようになります。

関係性のデザインと信頼関係の構築

カナダの先住民の対話の技術から生まれたピースメイキングサークルという場では4つの段階のプロセスを経て進んでいきます。その中の2つ目に「信頼関係の構築」というものがあります。どうしても日々の会議やイベントでは時間に限りがある中で本題の議論やアイデアのワークショップに重きを置きがちですが、その前に参加者同士の信頼関係を構築することが何より重要と教えています。特に私たちは問題解決の話し合いをしている場合、意見が分かれると対立関係が生まれやすくなります。その時にあきらめずお互いの立場の意見に耳を澄ませることで、その意見の違いは、お互いにとって視野を広げるきっかけになり、思ってもみなかった新しいアイデアが場にやってくることがあります。しかし、関係づくりを怠ると意見の違いが出てきた時に、お互いの主張をぶつけ合うだけに終始してしまうことになりかねません。プログラムの導入部分においては、関係づくりをおろそかにせずプログラムを設計していきましょ

図1）ピースメイキングサークルプロセス

The Little Book of Circle Processes: A New/Old Approach to Peacemaking（The Little Books of Justice and Peacebuilding Series）
（Little Books of Justice & Peacebuilding）Paperback – June 1, 2005 Kay Pranis
Peacemaking Circles, From Crime to Community, Living Justice Press.
Pranis, K., Barry Stuart and Mark Wedge, 2003

う。後述のチェックインやアイスブレイクなどはこの信頼構築に役に立つ手法の1つです。

アイデア系の話し合いでよく使われるプロセス「発散と収束」

　企画会議などのアイデア創発を行う場面に使われるプロセスに「共有」、「発散」、「収束」、「決定」の4つの段階のプロセスがあります。特に「発散」と「収束」の2つの段階が重要になります。発散はアイデアを広げていくこと、収束は広がったアイデアを整理してカタチにしていくことととらえてください。論点を絞って取捨選択していくこともこの段階に入ります。段階などを気にせずともスムーズに話し合いは進むことがありますが、このプロセスを意識することにより高確率でよい話し合いになっていきます。

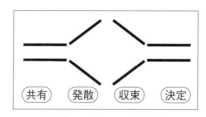

図2）発散・収束のプロセス

1）共有（導入含む）

　まずは参加者の情報レベルをそろえるところから話し合いを進めていきます。ワークの目的や条件（制限時間や成果物のイメージ）などが腑に落ちて理解できるかの確認から始まります。テーマによってはそのテーマについて詳しい人、詳しくない人が混ざっているかもしれません。その場合は関連情報を説明できる人が説明し、同じ土台で話し合いが進められるように工夫しましょう。進め方や役割分担もこのフェーズで行います。場合によっては簡単な自己紹介などもこのフェーズで行います。

2）発散

　課題やテーマに関連する情報を共有している時から、「ああしたらどうだろう」、「こうしたらどうだろう」といろいろなアイデアが個々に浮かび始めてきます。このステージではどんどん意見やアイデアを出し合って広げていく段階に入っていきます。「こんなこと言ったら笑われるかな？」、「私なんかが言っ

ていいのかな？」といった心配をわきに置いて、ありったけのアイデアを全部出してみましょう。よくあるダメな事例としては1個のアイデアが出るたびにそれを判断・評価・検討してしまう話し合いです。「それは無理だよ〜」、「私は反対です」といった具合です。この段階で判断・評価・検討が入ると萎縮してしまったり、せっかくのワクワク感が消えてしまったりします。それらの発言は次の収束段階まで控えておきましょう。もう1つ大事なことは「見える化」です。紙やホワイトボードに書き出したり、付箋（ポストイット）に書き出したりしながら、たくさん出ているアイデアを残していきましょう。

3）収束
　大量に出てきた意見は徐々に整理し俯瞰してとらえていきます。本来のテーマや課題に対して、光るアイデアがあれば絞り込んでいったり、現実性も考えながら着地点や落としどころを見つけていったりする段階です。あふれ出たアイデアをカタチにしていく段階ともいえるかもしれません。時には発散と収束を行ったり来たりしながら「これだ！」と思えるものが現れるように話し合いを進めていきます。

4）決定
　収束の段階で「これだ！」というものが1つ決まる場合もありますが、多くの場合いくつかのアイデアが残ったり、1つのアイデアも全員が腑に落ちているものではなかったりします。しかし何か決定をしなければ目標を達成したとは言えないでしょう。最終的な候補案から結論を出していく段階がこの「決定」という段階です。納得して結論を出すことを「合意形成」ともいいます。

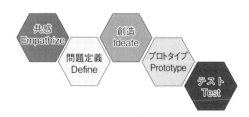

図3）デザイン思考のプロセス
スタンフォード・デザイン・ガイド　デザイン思考　5つのステップより
https://designthinking.eireneuniversity.org/index.php?dt_text

場面によって使われる様々なプロセス例

　プロセスデザインはファシリテーターの個性が出る部分でもあります。最近ファシリテーションの場で良く活用されているデザイン思考も独自のプロセスを説明したものです。たくさんのプロセスの引き出しを持っていることで場づくりがスムーズに行えるようになります。

【ステップ3】パーツを設計する

　プロセスがデザインできたら次にすることはそれぞれのプログラムの作り込みになっていきます。上記の発散と収束が異なるようにパーツごとに細かく設計する必要が出てきます。今からパーツを設計するために必要な観点をいくつか紹介していきます。

1）場のレイアウト

　机、いすのレイアウト・会場の飾りつけ、荷物置き場、カフェコーナー等会場のレイアウトを工夫しましょう。機能的なレイアウトだけでなく、場の目的に照らし参加者が快適に過ごせるように工夫をしたいものです（44～45頁参照）。

2）グループサイズ

　ワークショップは必ずしも全員で一緒に進める必要はありません。適宜グループサイズを調整しながら進めていくことが大切です。例えば会議を例にとって考えてみましょう。良い悪い関係なく人は物事を考えるスピードが異なります。アイデアが速いから優れているというわけではなく、時間がかかるが優れたアイデアを出す人はいます。しかし会議で同時に全員で話そうとするとアイデアを出すのが速い人が主役の場になってしまいます。こういった場合、付箋や紙に書き出すなど1人で考える時間をとって、その上で全体で話すと全員の意見が場に出ることになり創造的な話し合いになることが多いです。また特に日本人の場合、1人目の考え方に影響を受けることが多く、いきなり全員で話し合うと議論が広がりにくい傾向があります。そういう意味でも1人で考える時間をとることが有効です。また、少し人数が増えてくると、1人で考える時間をとったとしても、全体に発表するには自信がなかったり、アイデア会議の場合、恥をかくのを恐れて全体では発言しにくいという人がいます。その場合初めは小グループで話すようにすると安心してアイデアを出せ、その後全

体で共有し議論することで大人数でも創造性の高い話し合いを実現することが可能になります。このように個人の時間、小グループの時間、全体といったグループサイズを臨機応変に変えていくことで創造的な場は生まれていくのです。以下に人数とその特徴およびよく使われる手法をまとめた表を用意しましたので活用してください。

表1）グループサイズの分類とその特徴

人数	特徴	主な対話手法
1人	・じっくりと時間をかけて自分の考えを整理してアウトプットすることができる。	内省・サイレント・ジャーナリング・付箋・紙に書き出す・創作（絵を描く・オブジェを作る）等
2人 3人	・しっかり話を聞いてもらうことで話しながら自分の意見を整理することができる。 ・話し手の意見をしっかりと理解をしそこから影響を受けることができる。	・インタビュー ・ストーリーテリング 等
4人～6人	・特定の進行役がいなくてもざっくばらんに対話ができる。	・ダイアログ（トーキングオブジェや模造紙などの道具を使うことで質が高まる） 等
7人～12人	・進行役（ファシリテーター）がいれば機能する規模の人数。多様な角度からのアイデアで議論することができる。	・ダイアログ ・ピースメイキングサークル ・ホワイトボード・ミーティング® ・グラフィック・ファシリテーション 等
大多数	・多様な角度から議論することができる人数であるが進行の仕方に工夫が必要。	・ワールド・カフェ ・フィッシュボール ・オープン・スペース・テクノロジー ・マグネットテーブル ・ホワイトボード・ミーティング®等

3）問いの設計

　ファシリテーションにおける一番重要で難しいポイントの1つです。良い問いがグループへの良い探求を促します。「どうやったらこの街に若者が定着するのか？」など「？」で終わる問いを明確に用意することで参加者はスムーズに探求に移すことができます。ちょっとした問いの文言で探求の質が変わるた

め、ファシリテーターは徹底的にシミュレーションをしてのぞむことが重要になります。
〈良い問いの検証ステップ〉
①参加者をイメージしてその具体的な人が、その問いにワクワクしそうかイメージする。
②自分が1人の参加者であると想定して、その問いにワクワクしそうかイメージする。
③参加者を何名か思い浮かべ、実際にその問いに対してどのようなセリフがでそうか想像してみる。
④自分が参加者であると想定して、その問いが場に出された時自分がどのようなセリフを出しそうか口に出していってみる。
⑤③、④の答えに多様性があるかチェックする。
①〜⑤を流していく中で詰まったところがあれば、なぜ詰まったかを分析し、問いに修正を加え、また①〜⑤を検証していきます。

4）道具の選定
　各パーツにどのような道具が必要かをリストアップし準備を進めていきます。紙やペンなどの話し合いの道具やタイマー・プロジェクターやマイクなど漏れがないようにリストを作っておきましょう。また参加者の人数に応じて分量に間違いがないかもチェックしておきます。

5）時間の設計
　それぞれのパーツにどれぐらいの時間がかかるかを計算し設計しておきます。参加者の集中力が保たれるように休憩時間も含めて設計しましょう。目的に向かってこだわりが強いとあれもこれもとパーツを増やしてしまいがちですが、参加者が余裕をもってしっかり参加できるように思い切って取捨選択することも重要になってきます。

6）見える化とハーベストの設計
　話し合いが進んでいくと徐々に混乱と激しい論争が始まることがあります。グループのプロセスが進んでいる証拠ではありますがこのままではうまくいきません。堂々巡りや感情論、一部の人の演説会のような話し合いに変わってい

くのです。それを防ぐ方法として「見える化」という方法があります。ホワイトボードや壁に張り出した模造紙、画面に照らし出されたプロジェクターなど共通のものを眺め、そこに話し合いの記録を残しながら話していくのです。そのことで論点が整理され堂々巡りがなくなり安定した話し合いが行われるようになります。そこには特別な技術は必要ありません。

　またワークショップや参加型のプログラムは充実した時間になることが多いですが、同時にその時だけの打ち上げ花火になりやすくもあります。一過性に終わらずにワークショップ中に生まれた気づきやアイデアをしっかりアウトプットすることをハーベスト（収穫）といいます。各パーツの後半やワークショップ全体の後半の時間などにハーベストの時間をとることで結果や行動につながるワークショップを設計していきましょう。

〈ハーベスト例〉
　ワークの最後の時間で付箋に書き出し、壁の模造紙に張り出す。
　参加者からワークの中での気づきやアイデアを自由に発表してもらい（シェア）それをグラフィックファシリテーターが壁に貼っている模造紙に書き残していく。
　ワークのシェアをビデオに録り、後日参照しやすいように編集する。

【ステップ4】実際にファシリテーションをしてみよう。

　プロセスがデザインでき各部のパーツを設計できたらようやく本番を迎えることができます。今からはその際に大切にしたい考え方をいくつか紹介しておきたいと思います。

①説明を明確に（A．なぜやるのか［why］　B．何を目指すのか［what］　C．どうやるのか［how］）
　参加者が迷子にならないように話し合いのステップや作業内容を伝えなくてはなりません。その時に意識したいのが上記の3つのポイントです。なんのためにその時間があり、その作業やワークを通じてどのようなアウトプットを期待しているのか。そのアウトプットに向けてどのような手順で行おうとしているか。参加者に誤解や混乱が起こらないように明確に伝えていきましょう。複雑なステップなどの場合は参加者は進め方を記憶できませんから、模造紙や

Ａ４の紙などに書き出して壁に貼り出したり、プロジェクターなどに投影するなど工夫をしていきましょう。

②参加者が示す反応に気づこう

　ファシリテーターが説明をしている最中、そして作業やワークを進めている際の参加者の様子をしっかり観察しましょう。表情が硬かったり、首をかしげていたり、眉間にしわを寄せていたりしたら、もしかしたら説明の内容が伝わっていないのかもしれません。ワークの最中もその会話の言葉の中、表情、しぐさなどに様々な反応が出てきています。その反応を観察しながら、自ら立てた場づくりの仮説にどのような参加者の反応が起こっているのか考えながら、参加者を見守っていきましょう。

③場合によっては当初の予定を手放し柔軟に

　ファシリテーションの場は生ものです。本番当日を迎えるまでファシリテーターは様々な場面を想像しながらたくさんの仮説を作りプログラムを構築していきます。しかし、実際当日を迎え人が集まり始まってみると、予想通りにならないことが当然発生していきます。そういった場合、事前に作った仮説やプログラムに固執しないことが重要になります。柔軟に事前に作ったプログラムを手放し、変更することにも勇気をもってチャレンジしましょう。

【ステップ⑤】振り返る

　実際のプログラムが無事終了したら、できれば振り返りを行いましょう。当初考えていた目的に照らし合わせて何が実現できて何が実現できなかったか、その要因はなんであるか。そしてその経験から何が学べ、次にどういったアクションがとれるのかなど。しっかりと振り返ることで次につながっていきますし、ファシリテーターとしての成長にもつながっていきます。後述するKPTもよく振り返りに使われる手法です。

（嘉村賢州）

第 2 章

ファシリテーションの手法

〈押さえておきたい手法〉

> ワークショップは初めの30分が勝負
> ―チェックイン・チェックアウト・アイスブレイクなど

　ファシリテーターとして場を数多くこなしていくと初めの30分がいかに重要であるかが分かってきます。初めに雰囲気が固くなると、あとで柔らかくするのは難しい。初めにファシリテーターが信頼されないと、参加者はその後きちっと指示に従ってくれないかもしれません。これらのことは後半で挽回しようと思ってもなかなか難しいものです。逆に初めに良い雰囲気で始まり、ファシリテーターへの信頼を育むことができれば、ファシリテーターも緊張がほぐれより創造的に場に関わることができるようになります。ここでは初めの30分をうまく運営するコツを見ていきましょう。

安心安全な場を作って参加者を出迎えよう。
　よほどコミュニケーションが得意な人でない限り、会ったことがない人と出会うことは少なからず不安が付きまとうものです。特にまちづくりの場や組織における意思決定など多様な意見を交わす必要のある場ではよりそれは顕著になります。緊張感のあふれる場では、人は本音をだせず防衛的になりやすくなります。人の意見を聞くよりも自分の意見に固執し、そのことがお互いのことを理解しあえない、泥沼の話し合いへとつながっていきます。
　だからこそファシリテーターは序盤に工夫をこらし、1人ひとりが安心してその場にいる、そんな場を設計し運用していく必要があるのです。

安心安全の場はハードとソフトの二方向から作っていく。
　学生の皆さんはロの字型の会議室は経験したことがあるでしょうか。もし経験したことがあるならその緊張感は想像できるかもしれません。いわゆるスクール形式の教室も多くの学生は最前列に座りたがりません、一番前だと指名されたり、先生から見られやすくリラックスできないからかもしれません。ファシリテーターはこういった場の構造に意識的になる必要があります。どういう会場レイアウトをしたら参加する人が安心してその場にいることができるのか。机の配置やグループサイズに工夫を凝らしていきます。それ以外にもBGMを流したり、お菓子や飲み物を用意することで、非日常の空気づくりをしリラックス空間を用意するファシリテーターもいます。服装などもきっちり

したスーツばかりの人が集まるより、私服でカジュアルな格好の方が穏やかに話せるかもしれません。そういった物理的な空間をうまく運営することで、安心安全を生み出していくのがハードによるアプローチです。

　もう1つのアプローチがソフトによるアプローチ、いわゆるプログラムによる安心安全な場づくりです。ワークショップの場では時に初めての人同士が同じグループで話し合うことになります。初めての人の姿や表情をみてその人が優しい人か怖い人か、自分と話が合う人か合わない人か見分けることはできるでしょうか。そういった場では少なからず参加者は緊張感を持ってしまいます。「今日の内容は難しそうだしついていけるかな」、「人と話すのは得意じゃないから、実はワークショップは出たくないんだよな」といった心の不安をもって参加している人たちもいるかもしれません。そういった状態でそのまま話し合いが始まると、たどたどしく、また時に虚勢を張って強く自己主張をする人が現れたり、せっかくの場がうまく機能しなくなることもあるのです。このような初めの緊張したぎくしゃくした状況を整え、ゆるやかなスタートを切るためにファシリテーターは様々な仕掛けをプログラムを通じて作っていきます。以下で紹介するチェックインやアイスブレーキングなどのワークを行うことで参加者同士にゆるやかな関係性が生まれたり、心や頭をほぐす時間を作ったりするのも1つの方法です。また既述のOARRのようにプログラム序盤にしっかりプログラム全体の目的や進み方を示すことで、安心感を育むことができます。1つひとつのパーツに対してWHY（なぜするのか）WHAT（何を目指すのか）HOW（どのような手順で行うのか）を明確にすることも重要になってきます。地図のない旅は時に不安になることに近いかもしれません。

初めの場づくりに役立つ2つのテクニック
　以下にワークショップの始まりを展開していく上で役に立つテクニックを2つ紹介しておきます。2つとも簡単に導入でき効果は抜群なので積極的に活用していくようにしましょう。
①チェックイン（終了時はチェックアウト）
　会議やワークショップを開催する時、ちょっとした気持ちの切り替えの仕掛けを作るとうまく機能する場合があります。参加者は忙しい日常を過ごしている中で時に気もそぞろに場に参加する場合があります。また初対面の人が多いような集まりの場合、一部の人が勢いよく参加し発言しているなかでどうして

図1　チェックインでは1人ひとこと語っていきます

も参加しづらくなってしまったりする場合があります。そのようなことを防ぐのに役に立つのがチェックインです。参加者が少人数の場合は全員で一人一言「今感じていること、気になっていること」を簡単に話していきます。多い時は少人数グループに分けて同じように一人一言「今感じていること、気になっていること」を話していきます。こうすることで全員が一言を発し、ウォーミングアップとなりワークショップがスムーズに展開していくようになります。

　同様に最後に1人ひとり発言して場を閉じることをチェックアウトといい、感想共有や次のステップの明確化など良い終わり方に活用されています。

②アイスブレイク

　ワークショップの開始時は特に初対面の集まりの場合顕著ですが場は固くなりがちです。そんな状況をほぐすために様々なワークが開発されています。その固い状況をアイスと表現し、その状況を壊すという意味でアイスブレイクといいます。2、3分で済むような簡単なものから全身を使って全員で行うダイナミックなものまで多種多様なアイスブレイクが存在するので皆さんも調べてやってみてください。ここではシンプルな2つのワークを紹介しておきます。

〈good & new〉

　24時間以内にあった嬉しかったことや新しい発見について1人数分ずつ話していきます。ポジティブな側面でエピソードを語り合うことで全体の雰囲気が和らいでいきます。

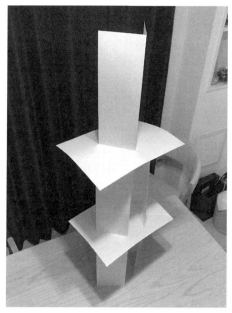

図2　ペーパータワーの例。やり方は無限大

〈ペーパータワー〉

　チーム対抗で行うゲームですが、A4の紙を用意しておき、一定時間で高く積み上げる競争を行います。紙の数を制限したり、作戦タイムを設けるなどちょっとしたアレンジもできるワークですので創意工夫してチャレンジしてみてください。

(嘉村賢州)

〈押さえておきたい手法〉

インタビュー

〈概要〉
　質的調査手法の1つであるインタビューは、様々な場において参加者の想いを引き出す手法として用いることができます。その際には、相手の立場に立ちながら、適切な「質問（問い）」を投げかけ、その答えを丁寧に傾聴することが重要となります。

〈活用場面（効果）〉
　ワークショップにおいてインタビューを用いる際には、意識的にメニューとして設定する場合と、傾聴の手法として対話の中で用いるなどがあります。

（インタビューの時間を設定する場合）
・最初のワークショップのメニューとして、2人が1組でこれまでの経験などのインタビューを行い、その内容を参加者が共有することでお互いのことを知り、フレンドリーな状況を作り出すことができます。
・講演などの感想を伝え合う際に、どのように感じたのか、それはなぜかなどをインタビュー形式で質問すると、それぞれが自発的に感想を伝え合うよりも、より深く相手の想いを理解できる場となります。

（個々の想いを引き出す手法として用いる場合）
・広がりのあるオープン・クエスチョンや答えやすいクローズド・クエスチョンなど、インタビューの幾つかの手法は、ファシリテーターが参加者の想いを引き出す際に有効です。

〈留意点〉
　生い立ちや信念などをテーマにする場合は、知られたくないプライバシーに触れないように心がけることも必要です。

〈実施の手順〉
　ここでは、ワークショップの中でインタビューの時間を設定するプログラムを示します。
　ワークショップにおいて、インタビューの時間を設定する場合は、2人1組でお互いにインタビューを行う時間を設定する場合と、ファシリテーターが参加者にインタビューを行いながら進める場合があります。

第1ステップ：インタビューのプログラム（企画）を考える
　参加者から「質問（問い）」をもらう、参加者が「質問（問い）」を作るなどの手法もありますが、ファシリテーターが準備するケースが一般的です。
　インタビューに際しては、次の項目を決めて進めます。

① どのような「問い」の質問項目を準備するか
② 質問項目の順序をどうするか
③ どれくらい詳しく聞きだすのか
④ 質問時間は何分間で、何回質問を行うのか
⑤ 質問の言い回し方をどうするのか
⑥ 回答の視覚化をどうするか
(関口靖広氏の質的研究法講座をもとに作成)

第2ステップ：安心な場づくり
　ファシリテーターが最初にインタビューの目的や、人に知られたくないことは言わなくてもよいなどの留意点を説明し、安心して話すことができる場であることを伝えます。

第3ステップ：インタビューを始める
　質問項目を伝える際には、質問を分かりやすく伝えることは無論のこと「YESかNOか」や「どちらに賛成するか」、「ふるさとは何処か」などのクローズド・クエスチョンから始めると話しやすい雰囲気づくりができます。
　自由に答えてもらうオープン・クエスチョンについては、これまでの「経験・行動」と、これからを意識した「意見・価値」などに区分して、順序良く質問項目を準備するとインタビューの流れが良くなります。
　質問には、質問文を固定して行う「構造化インタビュー」と調査者が回答に応じて自由に質問を構成しながら行う「非構造化インタビュー」がありますが、ワークショップの場合は質問を準備しつつ相手の反応に応じて、より深く想いを聞くために質問の答えを段階的に深堀りしていくのが良いでしょう。
　また、ファシリテーターが相手の顔を見ながら、話をさえぎらないで、相槌（アイコンタクト）や「であってますか」などで想いを確認することで、さらに話しやすい場をつくることも大切です。
　インタビューの時間はプログラムの内容によっても異なりますが、質問項目を3つ程度として5分から10分程度が適当です。

第4ステップ：インタビューの結果を確認
　最後にインタビューの結果を共有することで、それぞれの想いを伝え合うことができ、場のまとめや次への展開につなぐことができます。

(鈴木康久)

(参考)
　原正紀『インタビューの教科書』(同友館、2010年)、山田一成『聞き方の技術』(日本経済新聞出版社、2010年)。

〈押さえておきたい手法〉

ブレインストーミング

〈概要〉
　ブレインストーミングとはアレックス・F・オズボーンが考案したアイデアを生み出していく手法の１つです。４つの原則にもとづいてアイデア出しをすることで、創造的なアイデアを生み出すことが可能になります。現在では様々な工夫や改良がなされ、ブレインライティングなどの新しいアイデア発想手法も生まれています。

〈活用場面（効果）〉
・企画アイデアや商品アイデアなど創造的なアウトプットが求められている時
・より突き抜けたアイデアの創造が求められている時

〈留意点〉
・実際のブレインストーミングを体験したことがないと、「質より量」の体現がされない場合がある。
・原則の徹底が成功の肝であるが、その徹底が比較的難しい。
・とっぴなアイデアが成功の肝であるが、それらを恥ずかしがらずに言える空気をつくることが難しい。

〈成果〉
・短期間で普通では思いつかないユニークなアイデアが生まれた。
・短期間でポジティブに意見を交わすことで、チームに一体感が生まれた。
・アイデアに乗り合うことで、チームメンバーが愛着の持てるアイデアが生まれた。

〈実施の手順〉
第１ステップ：４つの原則を含め進め方の手順を説明
　　※特に「アイデアは１つひとつ検討せず、とにかくたくさん出すこと」という部分は理解されていない場合があるので強調するとよいです。

第２ステップ：ブレインストーミングをするテーマを発表
　　例　世界が驚くオリンピックのセレモニーはどんなセレモニーですか

第3ステップ：ブレストを開始
　　4つの原則にしたがい、たくさんのアイデアを出します。その過程で出てきたアイデアはもれなく紙に書き残していきます。

　ブレインストーミング終了後は、他のアイデア手法でさらなる発散を行う場合や、アイデアを投票し合ったり、KJ法で整理するなど収束プロセスに移っていく場合もあります。

〈4つの原則〉
①批判厳禁
　1つひとつのアイデアに良い悪いの判断は行いません。アイデアを批判的に検討するプロセスはアイデアが出そろった後に行います。
②自由奔放
　制約なしに自由奔放にアイデアを出していきます。時に奇抜なアイデアが化学反応を起こし素敵なアイデアに変わる場合があります。
③質より量
　アイデアはいきなり良いアイデアを狙わず、質より量を目指していきます。たくさんのアイデアが出ることで、アイデア同士の化学反応が起こりやすくなります。
④結合改善
　参加者は自分のアイデアを出すばかりでなく、他人のアイデアをもっとよいものに変えるにはどうしたらよいか、また②、③のアイデアをさらに別のアイデアにまとめるにはどうしたらよいかを考えていきます。

（嘉村賢州）

（参考）
　A. オズボーン『創造性を生かす―アイデアを得る38の方法』（創元社、2008年）
　A. オズボーン『独創力を伸ばせ』（ダイヤモンド社、1971年）
　トム・ケリー他『発想する会社』（東洋経済新報社、2002年）

〈押さえておきたい手法〉

KJ法

〈概要〉
　KJ法とは、多くの意見を収束させるための技法の1つです。その場で得られた複数の意見（情報）の1つひとつを1枚のカードに記載し、その共通性に応じてグループ化（統合）することで意見を整理し、さらにはグループ間の関係性や階層性を可視化します。参加者がこの可視化の過程を共有することで、その場での意見を把握するだけでなく、新たな着想にもつなげることもできる手法です。ワークショップなど、共同での作業に多く用いられています。

〈活用場面（効果）〉
・ブレインストーミングなどで出された多くの意見を、短時間で集約しないといけない時
・多くの意見や情報を順序だてて整理しないといけない時
・少数意見も大切に、全体の場で共有しないといけない時

〈留意点〉
・参加者の意見を集約する手法なので、参加者のアイデア以上の創造性を発揮することが難しい。
・参加者の視点からの集約になるため、全ての事象を網羅的に示すことになりにくい。
・その場において、自分の意見を知ってもらった、多くの意見が集約できたことに満足し、新たな展開につながりにくい側面もあります。

〈成果〉
・場に参加した方が、次の満足感を得ることができた。
　　多くの意見を、決めた時間内でまとめられた。
　　自分の意見が全体の意見に反映された。
　　参加者の全員の意見を知ることができた。
・意見の関係性を示すことでストーリーをつくることができる。

〈実施の手順〉
第1ステップ：可視化
　意見の書かれたカードを模造紙に貼り付けます。

第2ステップ：グルーピング
　関連性のあるカードをグループにします。各グループには関連性を示すキーワードを記載します。1枚のまま残るカードは、そのままにしておきます。

第3ステップ：グループ間の関係性を考える
　グループ間のつながりについて記載します。つながりには、因果関係、相互関係、対立関係などがあり、そのつながりがわかるように矢印等を記載します。
　（少し深めるステップ）
　　※　図を見ながら、グループの中で重要と思うカードの順番を決めます。
　　※　次の展開に関するキーワードを考えます。

第4ステップ：結果をまとめる
　まとめた意見の因果関係、相互関係、対立関係、次の展開などをストーリーとしてつないで伝えましょう。

カードをばらばらに広げる

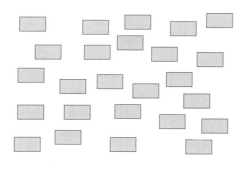

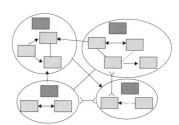

関係あり（──）、原因・結果（──→）、相互に因果的（←─→）、互いに反対・対立（ ）などの記号を使って先の空間配置を模造紙等に写し取る。

（山井敏章『ブレーンストーミングとKJ法』より）

（鈴木康久）

（参考）
　KJ法は、文化人類学者の川喜田二郎氏（東京工業大学名誉教授）がフィールドワークで集めた多くのデータを集約するために考案した手法で、KJの名称は考案者のイニシャルによるものです。その手法については、川喜田二郎『発想法 創造性開発のために』（中央公論社、1966年）などで詳しく述べられています。

〈押さえておきたい手法〉

ストーリーテリング

〈概要〉
　ストーリーテリングは、ファシリテーターが介在する集団的な語りを通した学びの場を意味します。語る人、聞く人、両者の言葉を紡ぐ人の関わり合いにより、参加者らの豊かな物の見方を活かして、成功や失敗の背景にある「気づかざる前提」を探ります。それにより、物事の本質を見抜き、社会変革への筋道を見通していきます。

〈活用場面（効果）〉
・ゲストの多彩な経験から学びたい時
・語り手の仲間も参加しており内容の掘り下げが可能な時
・同業他社が集まった時
・語ることや聞くことが不得意・不慣れでも、語られた内容を大切に扱うことで、他者を尊重する態度と、よりよい実践に誠実に向き合う姿勢が身につきます。

〈留意点〉
・十分な時間（少なくとも全体で90分）が必要です。
　密度の濃い対話と学びのため、10名以上の場合は小グループに分けます。
　合宿型など複数日にわたる研修の場合はプログラムを分割しても構いません。
・ストーリーに複数の「スレッド」（論旨・筋道）が織り込まれるように促すのがファシリテーターの役割です。
・スレッドの候補をあらかじめカードやフリップにまとめておくと円滑に進行できます。
・語り手、聞き手の言葉を抜け・漏れなく記録するためには、2名がペアになって言葉を拾い、紡いでいくとよいでしょう。
・内容のとりまとめは、マインドマップ、グラフィック、詩、音楽など、どんな方法でも構いませんが、多様さ、豊かさ、楽しさを大切にしましょう。
　その際、聞き取れた内容だけを共有することや過度な一般化は避けましょう。

〈実施の手順〉（時間は目安です）
準備段階：役割の選出と場づくり（3分）
　深めたいテーマに対して語る人、語りの内容を記録する人を選びます。役割が決まれば、車座など、語りやすい雰囲気づくりと共に記録係の場所を確保します。

第1ステップ：概要の確認（とグループ分け）（3～5分）
　語り手から参加者全員にストーリーの概要を紹介してもらいます。複数の語り手による並行セッションの場合、全体会で概要を共有された後で参加グループを定めます。

第2ステップ：スレッドの選択（3分）
　ストーリーの概要をもとにファシリテーターから聞き手に焦点を当てていくスレッドを提示します。聞き手は自らの興味に基づいて1つのスレッドを選択し、傾聴に備えます。

（スレッドの例）

> 活動内容全般（人物、出来事、段階、事実、感情、価値）、活動のプロセス、ブレイクスルー、実践の応用、規模の拡大・縮小、自由討論、活動の転換点、特定のテーマ（例えば、ファシリテーションなど）、行動指針、チャレンジ…

第3ステップ：ストーリーへの傾聴（20分）
　ファシリテーターのタイムキープのもと、語り手が語ります。語り手の一人語りでも、ファシリテーターのインタビューでも構いません。

第4ステップ：スレッドに基づく掘り下げ（30分）
　小休憩の後、記録された内容を簡単に紹介した上で、スレッドに沿って何を発見し、どんな疑問を抱いたか聞き手どうしで語り合います。まずは同じスレッドに関心を向けた人どうしで、続いてグループ全体で語り合います。

第5ステップ：参加者全体での意味づけ（30分）
　ファシリテーターの進行のもと、ストーリーから何を知見として携えることができるか、聞き手どうしで対話を重ねます。最後に、語り手が聞き手にコメントします。記録係と語り手に感謝してセッションを終了します。

〈ポイント〉
　ストーリーテリングは語り手から聞き手への一方的なプレゼンテーションではありません。PowerPointや液晶プロジェクターは不要です。

（山口洋典）

2017年11月4日、デンマークで行われた集団的ストーリーテリングのワークショップの一場面

（参考）
　他者の語りから学ぶという手法は、自らの思い込みを解くという点で古典的な学習方法の1つです。なお、集団的でのストーリテリングはAoHの一手法としても位置づけられています。

〈知恵を集める手法〉

ワールド・カフェ

(概要)

　ワールド・カフェは、1995年に Juanita Brown（ワニータ・ブラウン）らによって偶発的に生み出され、その後、発展・精査され100人や1,000人を超える大規模な人数に対して1人の進行役で対応できる半構造化された対話のプロセスです。
　多くの人数がグループに分かれながらも同時に対話を進め、またお互いの意見を知ることで集合的な知恵を生み出していくことに特徴を持ちます。

　通常、ワールド・カフェは4〜5名の自発的な会話が行いやすい人数に分割された小グループによって、23〜25分×3回の計69〜75分程度のセッションを中心に行われます。また、ワールド・カフェには、探求の対象となる「問い」が1つ設定され、その問いに対する自由な会話によって進められます。
　ワールド・カフェは、参加する人々が持つ知識をもとに多様な視点から物事への理解を深める状況で強みを発揮します。また、少人数のグループでの話し合いを繰り返すことから、結果的に、大人数の中に10名前後の強い関係性を相互に生み出すという、副産物を得ることができます。

〈留意点〉
・準備時

　そもそも、複雑な過程を経て結論を導くような場面ではワールド・カフェは向きません。ある1つの問いに対してシンプルに探求から新たな知恵を得たい場面や、副産物としての関係性、主体性を得たい場合に有効です。
　実施時間が2時間未満の場合、ワールド・カフェが持つ「探求」を行うには時間が足りないことが多く、特に探求的な対話に求められる、内省と沈黙の時間が持てないことがあります。
　ある対立するテーマや意見における合意形成にワールド・カフェは向きません。ワールド・カフェで探求を行うことは合意形成に必要な新たな知恵を得ることにつながりますが、合意形成には別途の時間を設ける必要があります。
　ワールド・カフェは、一定の主体性を基盤に全体のプロセスが機能していま

す。完全に指示命令や外発的なモチベーションでの参加者のみで構成される場や、そうした人の割合が多い場合、機能しない可能性があります。

・進行時

　ワールド・カフェの進行役は、人々のプロセスを促すファシリテーターではなく、人々の会話をもてなすホストとして、より多くの人が自由に、楽しく、自分自身の時間を自ら進めることの邪魔をしないことが求められます。

　時に、会話の様子や進行が気になるグループが出てくることがあります。その際、ワールド・カフェの進行役は、自らの介入の力によって解決するのではなく、進行を進めることで人々が自分たち自身で解決できることを信頼し、介入を行わない選択をすることが多くあります。

　グループごとに進行補助を入れることは、ワールド・カフェの良さや強みを殺すことになります。グループの進行を各自に委ねることで育つ主体性があること、またフラットな関係性の中でこそ生まれる集合的な知恵があることをワールド・カフェの進行役は知り、グループの進行補助は入れません。

・集約時

　ワールド・カフェは、意見やアイデアを数多く出すことよりも、1つの問いに対する様々な角度からの物の見方や考え方をもとに、各自が新しい発見を得ることに強みを持ちます。そのため、集約のプロセスは各自の気づきと発見を基盤にします。

　各自の気づきと発見を回収するプロセスをハーベストと呼びます。ハーベストは文字どおり、各自の気づきと発見の収穫であり、集約ではないことに留意してください。まず収穫があり、その後にそれらを新たに集約することは可能ですが、収穫のプロセスを飛ばして集約に入ることはできません。

〈実施の手順〉

第1ステップ：準備時

・物の準備

　ペン（1人1本、できれば複数色）、模造紙（1グループ1枚）

　トーキング・オブジェクト（1グループ1つ、可能な限り自然物（石や木片など））

　問いを提示する視覚補助（プロジェクター or 印刷物 or ホワイトボード）

　（注：付箋紙は使いません）

・問いの準備
　問いは、必ず１つの質問で示す必要があります。複数の質問や、複数の文からなる問いは、焦点をぼやけさせてしまい、探求の方向性を乱します。
　問いは、参加する誰もがまだ知らない、未知のものや解答が定まっていないものである必要があります。

第２ステップ：進行時
　ワールド・カフェの進行は、23〜25分程度を１ラウンドとした３ラウンド（69〜75分）のセッションと開始時のイントロダクション、終了後のハーベストとクロージングの６つのパートからなります。
・イントロダクション
　イントロダクションでは、ワールド・カフェの全体の進行の共有と、３つの試してもらいたい挑戦（相手の話の背景を想像しながら耳をかたむける、知っていることの説明ではなく新しく思いついたことを話す、言葉だけでなく絵や図などを使ったコミュニケーションを行う）を伝えます。
・１〜３ラウンド
　各ラウンドは、４〜５名の小グループに分かれて行われます。
　１ラウンドから２ラウンド、２ラウンドから３ラウンドに移行する際に、１人代表者を残しそれ以外の３〜４人がバラバラに移動することで新しいグループを形成し直します。
　各ラウンドでは、設定された「問い」に対する、各自の考えを共有しながら、それぞれの話に触発されて生まれたアイデアや新しい考えを共有していきます。
　２ラウンド、３ラウンドの冒頭で、代表者は前のグループで話されたことの概要を、新たにやってきた参加者は元いたグループで話されたことの概要を数分で手短に共有してから、問いに対する会話を始めます。
　模造紙とペンは、記録のためではなく、図や絵などによるコミュニケーション補助を行うために用います。

第３ステップ：集約時
　各自が得た新たな気づきや発見を大きめのカードなどに記載するか、代表者が自分自身の気づきを話すなど、全体での共有の時間を設けます

得られた気づきや発見は主催者側で記録し、別途集約プロセスに持ち込むことで活用します。

ワールド・カフェの後に、関係性や主体性を育むための、ラフで自由な時間を20～30分程度設けます。

〈ポイント〉
- ワールド・カフェは、構造化されたプロセスによって支えられていることと、進行プロセスがシンプルなため全体像の説明が難しくないこと、そして収穫は行うが集約は行わない、という3点から留意点にさえ気をつければ初学の人でも比較的簡単に実施できる良さを持ちます。また、参加人数に制約がないため、未体験の人数に対して対応しやすい良さがあります。
- ワールド・カフェは、会話の結果とは別に得られる関係性にも魅力があります。内発的動機付けを支える、3つの要因（自己決定、有能感、関係性）のうち1つをカバーすることから、外発的動機付けによるアンダー・マイニング効果によって硬直した組織をより良い状態へと変革するなど、チームや組織の基盤形成の仕掛けとして活用することが可能です。
- ワールド・カフェは、Juanita Brownが著作権などを主張せずむしろ積極的に方法論を解放し、誰もが使えるようにする後押しをしたことで、広く世の中に広がっていきました。その精神に敬意をもって、ワールド・カフェを運用することが、細かな手法の記憶以上に、ワールド・カフェの方法論を身につけることにつながります。

（西村勇哉）

（参考）
　アニータ・ブラウンほか著『ワールド・カフェ―カフェ的会話が未来を創る』（ヒューマンバリュー、2007年）
　　The Art of Powerful Questions: Catalyzing Insight, Innovation, and Action Staple Bound, 2003
　　The World Cafe: A Resource Guide for Hosting Conversations That Matter Paperback, 2002

〈知恵を集める手法〉

オープン・スペース・テクノロジー（OST）

〈概要〉
　オープン・スペース・テクノロジー（以下　OST）は、参加者自らがつくり上げる場「ホールシステム・アプローチ」の代表的な手法の1つです。多くのワークショップでは主催者が提案する「問い」に対して、参加者が想いを伝え合う中で、主催者の求めに応じた解を導くことになります。ところがOSTは、参加者自らが議論したいテーマを提案し、テーマに応じて集まった参加者がテーマのどの部分をどこまで深く話をするのか、結論を求めるのか、合意の必要性など、議論のスケールを自らが決めることになります。ファシリテーターは空間と時間などの場を準備し、参加者の当事者意識の基でそれぞれが納得できる場づくりの支援を行います。

〈活用場面（効果）〉
・自らが独自のテーマや企画を提案し、賛同者を求め議論することができるため、テーマに応じた当事者意識の醸成や主体的な発案などを促したい時
・1,000人でも2,000人でもスペースがあれば、一堂に会して行うことができるため、大人数での参加型ワークショップを開催したい時
・何を言っても許される場であることから、まちづくりや新企画の検討、組織の再生など複雑なテーマに取り組む最初の一歩を参加者間で共有したい時
・自らが提案を行い、同じ課題や夢を持つ仲間を集めたい時

〈留意点〉
　最初は何でも話せる場であることに価値を見出だしていた参加者も、何回か繰り返すと、想いを伝え合うだけで何も決まらないことに苛立ちを覚えるケースも見受けられます。その場合は、目的・目標などの再設定が必要となります。

〈実施の手順〉
　ここでは、OSTを行う手順の一例を示します。
　最初にファシリテーターは、参加者にこれから起ころうとしていることを伝えます。その内容は、提案者には「この場の時間とスペースが参加者に委ねられており、参加者の1人ひとりが関心を持つ全てのテーマを、参加者自身が提案することができます」、参加者には「どのテーマに集うことも自由です。場にそぐわないと感じた時には他のテーマに移動できます。じっくりと話を聴い

たり、次から次へと飛び移ってより多くの情報を参加者に提供したり、その立場は自由です。時には、どのテーマにも参加しないで1人でいることもできます」などとなります。

このような基本的なルールに併せて、4つの原則を伝えることもあります。

（4つの原則）
・ここにやってきた人は誰でも適任者である
・何が起ころうと、それしか起こることはない
・それがいつ始まろうと、始まる時が適切な時である
・それが終わった時は、本当に終わったのである

基本的なルールを述べた後、実施の手順を説明します。
（実施の一例）
①参加者自らが、議論したいテーマを考えます。
②参加者自らが、全員の前で想いをプレゼンテーションします。
③参加者は自分の好きなテーマで集い、自由に話を聞き、話を始めます。
④参加者は、途中で他のテーマに移動することもできます。これは提案者であっても同様です。
⑤それぞれのテーマの場において、議論した内容を全体で共有します。

『オープン・スペース・テクノロジー』より

（鈴木康久）

（参考）
　オープン・スペース・テクノロジー（OST）は、1985年にハリソン・オーエン氏（Harrison Owen）によって提唱された手法です。
　ハリソン・オーエン『オープン・スペース・テクノロジー』（ヒューマンバリュー社、2007年）

〈知恵を集める手法〉

プロアクションカフェ

〈概要〉
　プロアクションカフェは大規模なグループでよく使う対話手法の1つで、参加者から募ったいくつかのアイデアやアクションを、他の参加者の多様な視点で磨き上げていきます。長時間の対話セッションやフューチャーセッションなどの後半部で良く活用されます。

〈活用場面（効果）〉
・ブレインストーミングや対話を通じて生まれたアイデアを行動に移してもらいたい時
・1人ひとりのアイデアを現実的に磨き上げたい時
・1人ひとりのアイデアに応援者や協力者を増やしたい時

〈留意点〉
・お互いのアイデアを応援し合うために前段階で関係性を構築するプログラムがあることが望ましい。
・アイデアを磨き上げる手法であるため前段階でアイデアを創発するプログラムがあることが望ましい。
・いきなりこの手法を使うとアイデアがあまり出ないことがあります。

〈成果〉
　提案者にとって
　　・具体的な改善アイデアを見つけることができた。
　　・具体的な協力者を見つけることができた。
　　・活動を進める自信や勇気がわいてきた。
　応援者にとって
　　・参画したい、面白いと感じるプロジェクトと出会うことができた。
　　・多様なプロジェクトに刺激を受けて自分のやりたいことが見つかった。

〈実施の手順〉
第1ステップ：チェックインラウンド
　チェックインを行います。前過程でチェックインを行っている場合、飛ばすことが可能です。
第2ステップ：進め方の説明、アジェンダの構築
　ファシリテーターは進め方の説明をすると共に、参加者に呼びかけアジェン

ダ（お題）を募ります。アイデア／プロジェクトのある人（コーラーと呼ぶ）は、そのことについて簡単に紙に書き、全体の前で短めに発表します。その後、コーラー以外の人（コントリビューターと呼ぶ）は3人ずつ分かれ、興味のあるアジェンダのテーブルに座ります。

第3ステップ：メインセッション

20～30分のカフェスタイルで3ラウンドの対話が行われます。コーラーは常に同じテーブル、コントリビューターはラウンドごとに計3種類のテーブルに移動して座ることになります。それぞれのラウンドでは、用意された問いに沿って対話を進めていきます。

　ラウンド1
　　アイデア／問い／プロジェクトの背景にある探求は何でしょう。あなたの根っこの想いは何ですか。
　　（What is the quest behind the call /question/ project）
　ラウンド2
　　そのアイデアを実現させるうえで何が欠けていますか。何が必要ですか。
　　（What is missing）
　ラウンド3
　　2ラウンドを通じて自分自身について何を学んでいますか。（What am I learning about myself）
　　2ラウンドを通じて私のプロジェクトについて何を学んでいますか。（What am I learning about my project）
　　次のステップは何ですか。（What next steps will I take）
　　どんな助けがまだ必要ですか。（What help do I still need）
　各ラウンドの間に、コントリビューターは休憩をとり、別のコーラーをサポートする準備をします。その間にコーラーは自分の気づきや学びを整理します。

第4ステップ：シェア

　全体で2つの質問でシェアを行います。
　　何に感謝していますか。（What am I grateful for）
　　次のステップは何ですか。（What are my next steps）

（嘉村賢州）

（参考）
　2008年にRainer von LeoprechtingとRia Baeckによって開発された。
　発案者の組織のホームページ　https://www.pro-action.eu/

〈知恵を集める手法〉

マグネットテーブル

〈概要〉
　マグネットテーブルは、1人ひとりが話し合いたいテーマで主体的にグループを作り、話し合う方法です。やりかたが平易なので、分野や業種、年代を問わずに用いられています。参加者が話したいテーマで少人数のグループに分かれ、深い対話を行います。

〈活用場面（効果）〉
・多様性を担保しつつ、同じ問題意識や価値観を持つグループを意図的にではなく作り出したい時
・自己組織型のチームの形成、アクションを創発したい時
・分科会を開催したいが、オープン・スペース・テクノロジー（OST）ができるファシリテーターがいない時
・分科会を開催したいが、、実施時間が限られている時
・主催者が用意したテーマではなく、参加者が話したいテーマで話し合いを行うことで、参加者の主体的に取り組む場を作りたい時

〈留意点〉
・ワールド・カフェやインタビューなど、参加者が話したいことや解決したいテーマを見つけることができるプログラムを組み合わせるとより効果的です。
・OSTやプロアクションカフェに比べて、次の行動につながりにくかったり、リーダーが生まれにくかったりする傾向があります。

〈実施の手順〉
第1ステップ：グループを作る
　参加者が混乱しないように、①〜③の手順は区切って説明します。
　① 話したいテーマを書く
　　　参加者1人ひとりが話したいテーマを、A4用紙に水性マーカーを使って記入します。
　② テーマを共有する
　　　全員が立ち上がり、紙を胸の前に持ち、お互いの紙を無言で1〜2分見て回ります。

テーマを共有

③　グループを作る
　　次のルールで3〜5人のグループを作り、着席します。
　　・自分と近いテーマを書いている人
　　・一緒になると化学反応が起こりそうなテーマを書いている人
　　・自分の書いたものよりも興味深いテーマを書いている人

　6人以上になった時は、5人以下のグループになるように分かれます。稀に参加者1人ひとりの話したいことやりたいことが具体的すぎてグループになりづらいことがありますが、その時はグループになるルールを再度伝えます。

第2ステップ：話し合う
　次の手順を説明した後、グループごとに話し合いをはじめます。
　・背景の共有：1人ひとり、なぜそのテーマを選んだのかを共有します。
　・テーマの設定：グループで探究したいテーマを問いの形で設定し、模造紙の真ん中に書き込みます。
　・ダイアログ：テーマをもとに話し合います。

第3ステップ：まとめとシェア
　グループごとにテーマ・概要・結論をまとめ、共有します。共有の方法はいろいろありますが、30人以下の場合はグループごとにプレゼンシェア、それ以上の人数の時はポスターセッションを行います。ワークショップ終了後の主体的な行動を促したい時は、グループあるいは個人ごとに平易で具体的なアクションプランを作って宣言してもらうと、より効果的です。

〈ポイント〉
　問いを設定する際には、「思わず入り込めて自分事で話したくなる問いか」、「多様な意見が生まれてきそうな問いか」、「思い込みや固定観念を外せそうな問いか」を考え、どんな答えが出そうかシミュレーションしてみると良い問いになります。

(篠原幸子)

(参考)
　パワフルで効果的だけれどもファシリテーターの高度な技術が求められるOSTや、長時間である一定の人数を必要とするプロアクションカフェよりも比較的に簡単に生成型分科会を運営できる方法として、2013年に場とつながりラボhome's viが開発しました（無料マニュアルDL先：https://www.homes-vi.org/technique/magnet-table/）。

〈知恵を集める手法〉

フューチャーセッション

〈概要〉
　フューチャーセッションは、現場の多様なステークホルダーに加え、想像力を働かせて「未来のステークホルダー」も招き入れることで、創造的な関係性を生み出す場です。お互いが尊敬の念をもって傾聴し合い、未来に向けての「新たな関係性」と「新たなアイデア」を生み出します。その結果として、それぞれのステークホルダーが認識と行動を変化させ、協力してアクションを起こせる状況を作ります。

〈活用場面（効果）〉
- 行政・企業・NPOのセクター横断でイノベーションを起こそうとする時
- 企業が、社会課題解決の視点から、新規事業領域の調査、サービス構築、社会実装したい時
- 行政が、市民や民間企業などのステークホルダーと協働したい時
- 地域のステークホルダーが、協力して未来を作りたい時
- 組織のビジョンづくりやカルチャー変革をしたい時

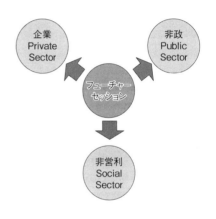

〈留意点〉
- 1回のフューチャーセッションで終わることなく、セッション終了後に新たに招き入れたステークホルダーが自分ゴトになり、ともに次のセッションを企画するようになることが理想です。こうして多様なステークホルダーの視点を包摂しつつ仲間を増やし、当事者意識を持ったステークホルダーを広げていくことがフューチャーセッションの未来の作り方です。

〈実施の手順〉
①設計
- テーマオーナーの想いや問題意識を引き出します。
- 未来のステークホルダーが興味を持ち、自分ゴトで取り組める「新たな問

い」を設定します。
・（ステップ１）相互理解、（ステップ２）自己決定、（ステップ３）目に見える形にする、の３つのステップを意識しながら、様々な方法論やツールを使った対話を設計します。

②運営（進め方の例）
・チェックインによって多様なステークホルダーの当事者意識を高めます。
・ワールド・カフェまたはフィッシュボウルという対話の手法を使って、多様な知識を持ち寄ります。
・マグネットテーブル、OST、ドット投票などによって取り組む視点を各自が自分で決め、それに基づいてチームを作ります。
・チーム対話やブレインストーミングなどを通して、自分たちのビジョンやアイデアを広げます。
・未来の新聞記事の編集会議、またはロールプレイングなどによって、ビジョンやアイデアを目に見える形にプロトタイピングします。

③推進
・アウトプットレポートを作成し、ステークホルダーに周知します。
・実行可能なアイデアについては、実現に向けたアクションを支援します。
・次のセッションを企画し、さらにステークホルダーを広げていきます。

〈ポイント〉
　フューチャーセッションを任されるイノベーション・ファシリテーターの役割は、問いの設定と参加者の招待から始まり、アイデア実現の推進に至るまで幅広く、ファシリテーションのプロセスを提供するだけにとどまりません。社会課題やビジネス戦略、組織論に至るまで、幅広い知識と好奇心が求められます。それだけ楽しいという意味でもあります。

（野村恭彦）

（参考）
　筆者の野村は、富士ゼロックスKDI時代に、欧州のフューチャーセンターという専用空間で行われてきたマルチステークホルダー対話の機能を研究してきました。東日本大震災後に株式会社フューチャーセッションズを立ち上げ、フューチャーセンターの持つ機能をクロスセクターイノベーションの方法論として確立したものが、フューチャーセッションです。
・参考書籍　野村恭彦『イノベーション ファシリテーター』（プレジデント社、2015年）野村恭彦『フューチャーセンターをつくろう』（プレジデント社、2012年）

〈知恵を集める手法〉

| 空間（場）の具体的な作り方 |

どのような場に、どのような形で座るのか。

全く同じ人々が集うにしても、近代的なビルの部屋でロの字型に並べられた長机に座るのと、京町家で和室の畳に座布団だけで輪になって座るのと、自然の風を感じる屋外で集うのとでは、雰囲気はガラリと変わります。

また1つのプログラムの中でも、最初のオリエンテーション、参加者の自己紹介、グループワーク、全体での共有、休憩時間、など局面によって求められる場は違ってきます。さらに同じ4人の対話でも、固定席で前の人が首だけ振り向く、長机を囲む、椅子だけで座る、「えんたくん」を膝に乗せて向き合うなど、ほんの小さな姿勢の違いによっても、話しやすさは随分違います。それが相互作用による協働や共創を左右することになります。

ファシリテーターたるもの、空間や座り方が与える影響を常に意識し、どうやったら皆がもっと参加しやすいか、グループ作業が創造的になるか、お互いの理解が深まるか、と問い続け、刻々と変わる状況の中で瞬間瞬間にふさわしい場の形を提案し、展開したいものです。

室内の部屋で集うにしても、図のように様々な形があります。レクチャーなら、①スクール型、②劇場型、③扇型、がよく使われます。グループワークでは、④アイランド型が多くなります。会議なら、⑤ロの字型、⑦長方形型、が定番。自己紹介やシェアリングには、⑩サークル型がふさわしいです。

それぞれに一長一短があり、どれかが万能ということはありません。目的に応じて使い分けたいものです。またちょっとした工夫で、⑤や⑦の長方形の堅い場を、お互いの顔が見えやすい柔らかな場に転換することもできます（⑥多角形型、⑧ひし型）。⑨中埋め型のように、⑤ロの字の中の空間を机で埋めると、グッと距離が近づきます。

場を作る側の人間は、様々な形の違いを一度実験してよく体感しておくことが大切です。そしてワンパターンに陥ることなく、プログラムの各局面にふさわしいと思う形を躊躇なく繰り出すことです。みんなのために。

慣れないと、場を大きく変えるのに抵抗があるかもしれません。「参加者が動くのを面倒と思うのでは」、「時間がかかるのでは」など。しかし、オリエンテーションで、参加型の場を作るために途中で椅子や机を動かすので皆さんの協力が必要なことを説明し、的確に指示して全員で動けば、意外にあっけなく展開できます。その際、作りたいレイアウトを図にしてパワポやホワイトボードで見せると、イメージを共有して一気に動けます。

本番中の工夫だけでなく、会場のサイン表示、入口から受付への動線、おも

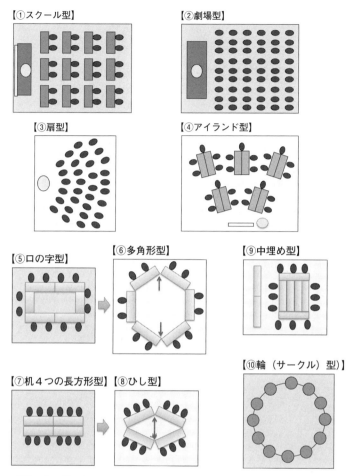

椅子と机の様々なレイアウト
中野民夫『学び合う場のつくり方』（岩波書店、2017年）

てなしの気持ちを表現する会場のしつらえや装飾、始まるまでの居場所、休憩時間の茶菓のカフェコーナー、自由な歓談スペース、質問や感想を書いたポストイットを貼り出すボード、お互いの資料の展示コーナーなど、様々な空間の要素から人はイベント全体の良し悪しを感じることになります。

　場づくりの道は深いものです。小さな空間に季節や宇宙を凝縮する茶道のお茶席にもヒントはあるでしょう。目的に応じた魅力的な空間、場の作り方を、様々な視点から探求し続けたいものです。

（中野民夫）

〈可視化で場を促進する手法〉

ホワイトボード・ミーティング®

〈概要〉
　ホワイトボード・ミーティング®は、会議室のホワイトボードを活用して進める話し合いの技術です。進行役をファシリテーター、参加者をサイドワーカーと呼びます。ファシリテーターが参加者の意見をホワイトボードに書くので、何を話し合っているのかが明確になり、効率的、効果的に会議を進められます。ビジネス、教育、行政、医療、福祉、子育て、スポーツ、市民活動、NPOなどの幅広い領域で、年代を超えて取り組まれています。

〈活用場面（効果）〉
・ホワイトボード・ミーティング®には、5つの特徴があります。
　①ホワイトボードに参加者の意見を可視化しながら進めます。
　②進行役をファシリテーター、参加者をサイドワーカーと呼び、双方に役割を持ちます。
　③「ホワイトボード・ミーティング®質問の技カード」を練習し、オープン・クエスチョンで深い情報共有を進めます。
　④話し合いに「発散→収束→活用」のプロセスを作り、色をわけて書きます。
　　発散（黒）意見をドンドン出し、深めます（情報共有）。
　　収束（赤）軸を決めて、出た意見を方向づけます（意見の構造化）。
　　活用（青）具体的な行動や活動計画を決めます（行動計画・結論）。
　⑤6つの会議フレームを組み合わせて、合意形成や課題解決をはかります。
　　ベーシック：定例進捗会議・役割分担会議・企画会議
　　アドバンス：情報共有会議・課題解決会議
　　マスター　：ホワイトボードケース会議（対立解消や医療、福祉、教育におけるケアサポート）

目的に応じて、会議フレームを組み合わせるアレンジは無数にあり、熟練したファシリテーターは6つの会議フレームを即興的に使いこなします。

〈留意点〉
・順序だてた繰り返しの練習が必要なため、習熟には一定の期間が必要です。特に「ホワイトボード・ミーティング®質問の技カード」に記載された9つのオープン・クエスチョンを使いこなし、ファシリテーターのニュートラルポジションの習得から始めます。

〈実施の手順〉 プロジェクトスタート会議の一例（ベーシックフレームのアレンジバージョン）
テーマ「我が家の防災、減災計画」
日頃から、減災・防災について話し合う会議の進め方（所用時間30分・4人）。気になる場所を想定するか、家族やシェアハウス同居者などのロール（役割）を担当して進めます。

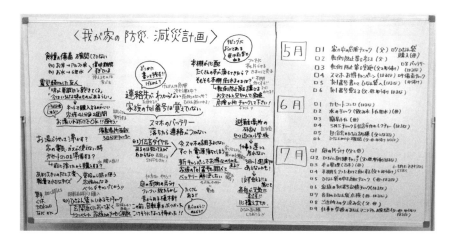

前提　気になる場所の想定やロールを決定します（5分）。
　ホワイトボードを縦に区切ります（右3分の1、左3分の2）。
　ホワイトボードの左側に「防災・減災計画」と書きます。

第1ステップ：発散（15分）（黒色）
　ファシリテーターがオープン・クエスチョンを用いて、話し手に意見を聞きながらホワイトボードに書きます。話し手は、防災・減災の視点で気になる箇所について話します。

第2ステップ：収束（5分）（赤色）
　ファシリテーターは、話し手に「特に気になるポイント。アイデアや工夫」を聞いて書きます。発散で話した中に、その内容があれば線を引きます。なければ赤色で書き加えます。

第3ステップ：活用（5分）（青色）
　左側の議論から導きだされる各月の行動計画（納得解）を右側に書きます。役割分担を決めて（　　）に書いて話し合いを終了します。写真で記録し、進捗管理やプランの改善を行います。

（ちょんせいこ）

（参考）

　会議の生産性を高め人やまちが元気になることをめざして、ちょんせいこ（株式会社ひとまち）が2003年に開発。ちょんせいこ『元気になる会議』（解放出版社、2010年）、ちょんせいこ『ホワイトボード・ミーティング®検定試験公式テキストBasic』（株式会社ひとまち、2016年）がある。仕事や学習活動等の場面でホワイトボード・ミーティング®の使用はフリー。有償・無償を問わず大学等で進め方を教える行為や収入を得る場合は認定講師資格が必要。https://wbmf.info

〈可視化で場を促進する手法〉

グラフィック・ファシリテーション

〈概要〉
　グラフィック・ファシリテーションは、対話の内容などを可視化してファシリテーションの効果をより高めるための手法です。
　構造化（図1）によって内容をわかりやすくするだけでなく、アイコン（図2）やドローイング（絵）によって話し手の感情やその場の雰囲気を伝えることもでき、文字だけでは伝えきれないところも補うことができます。
　グラフィック・ファシリテーションには、グラフィックレコーディング（対話の内容を可視化する）、スクライブ（対話をまとめながら書く）、フレームワーク（事前にプログラムに合わせ作成した枠組）など様々な手法があり、用途に合わせて使用します。

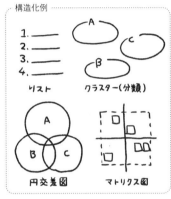

図1）構造化

図2）アイコン

〈活用場面（効果）〉
・話す人と話さない人の差がでる／時間内に終わらない
　会議やワークショップを開始する前に、共有しておきたい情報やイメージを描き、予め会場に掲示します。参加者は今から何のためにどういったことをするのかがわかり、安心して参加することができます。
・話が脱線してしまう／同じことを繰り返し話す人がいる／アイデアが広がらない
　対話の内容を参加者の目の前で描き、参加者全員が同じものを見ながら対話することで論点がずれず、話の流れを共有するので参加者が結果に納得しやすくなります。
・その場にいなかった人に情報を共有したい
　可視化したものを配布資料として渡したり、次の回であらかじめ掲示して事前に共有できるようにしておきます。

〈留意点〉
・ファシリテーターとグラフィッカー（描き手）が別の場合、グラフィックをどう活用するかを事前に打合せします。
・ファシリテーターは参加者が同じものを見て意見や感想を言えるように、参加者の視線を集めやすい場所にグラフィックを配し（図3）、これを見ながら対話をすることを促します。

〈実施手順〉—簡単なフレームワークを使ったグラフィックファシリテーション
①参加者が模造紙の見える位置に座れるよう会場を設営します（図3）。
②開始前に壁やホワイトボードなどに模造紙を貼り、すでに決まっているタイトル、テーマ、開始時間・終了時間、アジェンダ、ルール、ゴールイメージなどを描きます。
③開始時、ファシリテーターは②の内容を読みながら参加者と情報や意識の擦り合わせを行います。追加事項がないか確認し、あれば追加します。
④対話→グラフィッカーが内容を聞き、描く→参加者が見る→対話する、を繰り返します。
⑤対話の中で決まったことを参加者と確認します。
⑥書き終わったものを議事録の資料の1つとして、関係者に共有します。次の会では掲示物として貼っておき、前回の振り返りを各自で行ったり、参加していなかった人に情報を共有します。

図3）グラフィックの配置例

図4）フレームワーク

〈ポイント〉
・参加人数や会場の大きさによって、模造紙やデジタルツールなど、どれを使うか事前に決めておきます。
・模造紙を使用する場合、貼るスペースがあるか、会場の配置についてあらかじめ確認が必要です。

(玉有朋子)

(参考)
　堀公俊氏が監訳したデビッド・シベット著『ビジュアル・ミーティング』（朝日新聞出版、2013年）では"アメリカでは、1970年代から住民参加のワークショップや非営利組織の会議などで活用されてきました"と記しています。

〈可視化で場を促進する手法〉

樹形図的思考整理法

〈概要〉
　樹形図的思考整理法は、ワークショップなどの多くの意見を必要とする創造的な場において、拡散する意見を視覚的に表現し、議論の発展過程を樹形図のように整理する技法です。個人的なメモからグループワークでの意見共有、さらには大会場での議論などの可視化や経緯の記録ができます。それぞれの場において、意見の発展過程を共有することで、全員で合意事項等を確認できます。さらに後の会議録などへの下書きとしても使うことも可能です。

〈活用場面（効果）〉
・ワークショップの場を物語として俯瞰的に把握したい時
・多くの意見や会議展開の可視化が必要な時
・因果関係など発言の記録が必要な時
・時系列的に議論を把握する必要がある時
・様々な意見の拡散を中心テーマに紐づけて考えたい時

〈留意点〉
・発言の要点を即時に表現する必要が生じるため、専任スタッフが必要です。
・会議の展開や流れを予測し、展開意見の主な幹や枝を伸ばす方向や長さを調整する想像力が必要となります。
・議論の振り返りやまとめでは、物語として仕立て、順序よく伝える必要が生じます。

〈実施の手順〉
第1ステップ
・用紙の中央に議論の中心となるテーマを文字やイメージイラストなどで大きく目立つように楽しく描きます。
第2ステップ
① 中心のテーマを深めるようなサブテーマがある場合は、樹の大きな幹を伸ばすように線を描き、大幹の上にサブテーマを書きます。
② サブテーマを発展させる意見は、大幹から中枝を描きキーワードなどで書き足します。
③ 中枝のキーワードに類似・派生した意見は、新たな小枝を描き話題展開を

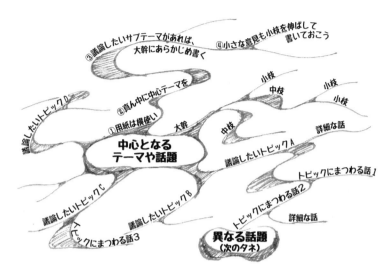

樹形図的思考整理法の基本的な型

記録していきます。
第3ステップ
① 大きな話題展開や中心のテーマに直結する意見は、新たに中心テーマから大幹を伸ばし記録します。
② 大きな話題展開の際には、時計回りに大幹を描いていくと話題展開の順番も記録できます。
第4ステップ
① 全体の進行役は、中心テーマからの大幹とそれぞれの中枝が自然の樹木のようにバランス良く拡がっているかを確認しながら議論を深めます。
② 関連性の薄い意見などは、次の中心テーマの種として脇に記録して、次回に活かす工夫をします。

〈ポイント〉
　空白の領域があると埋めたくなる心理も働き、全体的な議論となります。中枝や小枝を伸ばすことで少数意見も全体の中に位置づけられます。各論と全体論とがバランス良く参加者と共有できるように描いていきます。

(吉永一休)

〈可視化で場を促進する手法〉

KPT 法

〈概要〉
　KPT（けぷと）は、ふりかえりの場面で有効なフレームワークです。一定期間、プロジェクトや仕事を進めた後にKeep（よかったこと、継続したいこと）、Problem（問題になったことや課題）、Try（次にトライしたいこと）の3つの要素で振り返り、これからどのようなアクションをとっていくかを見い出します。

〈活用場面（効果）〉
・プロジェクト終了時のふりかえり
　一定期間、プロジェクトに取り組んだのちにKPTを行うことで、関係するスタッフ全員が「ここまでの取り組みをどのように評価しているのか」や「次のタームに行うべきことが何なのか」を見い出すことができます。
・ふだんのスタッフ・ミーティング
　この会議手法は、おもにエンジニアの方々が好む手法で、サイボウズ社では2週間に1回のスタッフ・ミーティングなどで、それぞれが持っている仕事の日々のチェックとすばやい改善に活用しています。
・スーパービジョン（年に数回行う面談のようなもの）
　これは筆者がよく使う方法ですが、その道のプロとして一定期間仕事をした方に行うスーパービジョンでのKPTは有効です。その人が自身の働きをどのように評価し、今後につなげようとするかを考えるよいツールになり、面談がとてもスムーズになります。

〈留意点〉
・会議参加者のなかで力のある人が「このプロジェクトは、なんの問題もない」などと冒頭に言い切ってしまうと、それ以外の発言や視点を出しにくくなるものです。なので、ポイントは、誰かの影響を受ける前に「個々で、KPTを書いてから話し合う」ことが大切です。

〈実施の手順〉
①何についてふりかえるのかを皆で共有したのち、各自KPTの項目を書き出します。
　K…（What we should keep）ここまで進めてきて、良かったこと・継続すべきことは何か

P…(Where we are having ongoing problems)問題・課題に感じる点はどこか
T…(What we want to try in the next time period)次にトライしたいことは何か

→3色のポストイットを配ってそれに書く方法や、図にあるシートを配布して各自、みっちり書いてきてもらう方法もあります。
②書き出したものを共有します。
　「じゃあ、まずはKeepから、みなさんがどんなことを書いたのか、教えてください」などとはじめ、それぞれが感じていることを共有します。ホワイトボードや模造紙での可視化が効果的です。Keepの次にProblemを出し、最後にTryを話し合います。
③今後に繋がる話し合いに重点を

Keep (^-^)
よかったこと、継続したい点、今後も伸ばしてゆきたいこと

Try (^o^)/
今後トライしてゆきたいこと、チャレンジしたいこと

Problem (×_×)
もうひとつだった点、良くなかったこと、問題を感じるところ

　KPT法のよいところは過去の失敗やうまくいかなかったことの責任追求や犯人捜しをするのではなく、今後につながる話し合いに力を注げるところなので、最後のTryの部分になるべく多くの時間を割くとよいでしょう。KeepやTryで出た項目をうまく活かしたり、組み合わせたりして、今後、「どのようなことにトライしたいのか」にフォーカスをおいて話し合い、次にとるべきアクションを見い出します。

(青木将幸)

―――

(参考)
　Alistair Cockburn氏がReflection Workshopの中で提唱した「The Keep/Try Refelction」が元になっていて、日本で独自に広まったと言われています。

〈可視化で場を促進する手法〉

紙芝居プレゼンテーション法（KP法）

〈概要〉
　KP法とは「紙芝居プレゼンテーション法」の略称です。KP法の最も基本的なものは、ホワイトボードや黒板などの壁面に、キーワードを書いたA4サイズ程の紙をマグネットを使って10数枚貼りながらプレゼンテーションを行う手法です。標準的な1セットのKPは4〜5分です。2013年に『KP法〜シンプルに伝える紙芝居プレゼンテーション』という書籍で紹介されましたが、それまでにも環境教育などの場面で多くのインタープリターやファシリテーターに使われてきたプレゼンテーション手法です。

〈活用場面（効果）〉
・見える化できること
　ファシリテーターの指示は口頭だけだとなかなか伝わりません。重要なことは見える化することです。見える化により参加者は「ファシリテーターが言ったことを覚えてなくてはいけない」という重圧（緊張）から解放されます。
・臨機応変な対応ができること
　ワークショップを進めながら場の様子を見て急に進行（方法・指示）を変えるのは日常茶飯事のことです。そんな時にはもちろん黒板やホワイトボードに直接書いても良いのですが、KPに書いて掲示した場合、そのKPを貼りっぱなしにし、その後の指示などが追加されても紙＆マグネットなので自由に壁面を移動できることはファシリテーションを行う上では有効です。
・手書きの暖かさが伝わること
　ファシリテーターの人間性を出したい場面と、そうした匂いはできるだけ出したくない場面があります。手書き文字はファシリテーターの書かれた声でもあります。心地よく響くと、場が和みます。

〈実施の手順（場面）〉
・実習の「テーマ／終了時刻／発表方法」などの手順説明として使用します。手順のKPは実習中、掲示したままにしておくようにします。
・グループの議論の発表手段として使用します。数枚のKPによる意見集約＆発表は、要点が整理され分かりやすいだけではなく、その作成も数人で同時にキーワードを書くだけなので時間がかかりません。つまり締切時間ギリギリまで議論をすることができます。

KP法実践講座の風景。ホワイトボードが足りない場合には、ステンレステープを数本壁面に貼って代用できる

〈ポイント〉
・キーワードはプリントアウトでも構いませんが、「手書きのほうが伝わる力が強い」と言われることが多いです。大人数対応の場合には、太いフォントで印刷したほうが良いでしょう。
・キーワードを順に貼るだけではなく、縦横のレイアウトで意味を持つ構成を考えましょう。
・A4サイズの紙に十数文字を通常の太さの水性マーカーで手書きした場合、読むことができる距離は8m位までです(小学校の教室の広さ)。椅子だけで30〜40人程が限界です。
・50人を超えるような場合は壁面をビデオカメラで撮影し、プロジェクターで大きなスクリーンに写すという方法があります。ただし、図や表、写真などはパワーポイントプレゼンテーションにかないません。

(川嶋直)

(参考)
書籍:川嶋直著『KP法〜シンプルに伝える紙芝居プレゼンテーション』(みくに出版、2013年)
動画:YouTubeで「川嶋直 紙芝居プレゼンテーション」と検索、紙芝居プレゼンテーションのチャンネルもあり20数本の動画がアップされている。

〈少し応用、学んでおきたい手法〉

アクティブ・ブック・ダイアローグ®

〈概要〉
　アクティブ・ブック・ダイアローグ®とは、参加型読書会の方法です。1冊の本を参加人数で分け合い、担当ページから大事なキーワードや文章を抜き出し、白紙の紙に記入します。それぞれページ順に読んだ内容を参加者に向けてプレゼンテーションします。1冊の本の内容が可視化された紙を見ながら、「本の内容から浮かび上がってきた問い」を1人1つ付箋に書き出し、グループになって問いを紹介しながら対話を行います。

〈活用場面（効果）〉
・コミュニティやグループの中で共通体験づくりや、知識の共有を行いたい時に用いると、楽しみながら学ぶことができます。
・読書が苦手な方も、ページを分け合うことで読むページ数が少なくなり、読書会への参加ハードルが下がります。
・本を起点に比較的簡単に場づくりができるので、特定のテーマや読書会のコミュニティづくりを行うことができます。
・本を要約した紙が残るので、読後の復習が容易になります。

〈留意点〉
・1冊の本を読み通すことの負荷が高く、時間に制約がない場合は、1章ずつを毎月行うなどの調整をしましょう。より深く読み込むことができます。
・参加者が問いを出すことが難しい場合は、参加者からテーマを出すマグネットテーブル／主催者側から問いを投げかけるワールド・カフェ／頭の中を白紙の紙に整理するホワイトペーパー／問いづくりの手法QFT等と組み合わせるとより効果的です。

〈実施の手順〉
①オリエンテーション
・なぜこの本を選んだのか
　目的、時間の流れ、進め方、エチケットについて伝える。
②チェックイン
　「氏名、参加のきっかけ」を伝え合う。
③ウォーミングアップ
・本を1人当たり4ページ以下に分けて白紙1枚に10分でまとめる。
・ページの順番に30秒ずつプレゼンテーションする。
④サマリー
・1冊の本を人数分に分けて、参加者が選び取る。
・色の濃い水性ペンと白紙4〜5枚を配布する。
・約40分で担当ページを読み「これは参考になる、他の参加者に共有したい、心に響いた」という箇所を紙に抜き書きする。
・書き上げた紙をテープでつなぎ合わせ、指定の場所に張り出す。

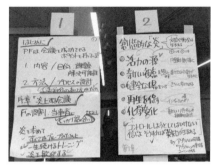 

図1）窓に付箋で指定された場所にサマリーを掲示　　図2）担当ページの内容について他の参加者にプレゼン

⑤リレープレゼン
・ページの順番に2分間で読んだ箇所の内容を発表する。
・発表者が変わる際にハイタッチを行うとテンポが生まれやすい。
⑥ギャラリーウォーク
・紙を見返して、参加者自身が「いいな！」と思った箇所に★をつける（シールを配布してもOK）。
⑦問い出し
・発表や見返す中で、浮かんできた疑問・質問を1つの付箋に1つ書き出す。
⑧対話
　3人以上のグループに分かれ、書き出した問いについて紹介し合い、それぞれの問いを探求する。
⑨クロージング
　参加者の一言チェックアウト。

〈ポイント〉
・参加者の普段の読書量や読書スピードを考慮して、ページの分担を決める必要があります。
・プレゼンテーション時間が伸びて、対話の時間が短くなってしまいやすいので、テンポよく進行し、時間を守り合う環境を作ることが必要です。
・著者の思いは要約とプレゼンテーションの時間で伝え合い、参加者の疑問や意見は問い出しと対話の時間に行うことで、整理された話し合いが行われやすくなります。

(山本彩代)

（参考）
　アクティブ・ブック・ダイアローグ®は、竹ノ内壮太郎氏が、読書が苦手な方や読書の時間がなかなか取れない社会人でも、1冊の本から共に学び合うことを目指して2016年に生み出された読書法です。ジグソー法・KP法をヒントにしており、読む題材を1冊の本に限らず、新聞記事や数ページの資料でも行うことができます。

〈少し応用、学んでおきたい手法〉

マイプロジェクト(マイプロ)〜「私」からはじまる、実践と学びのプログラム〜

(概要)
　マイプロジェクト（通称：マイプロ）は、その名の通り、1人ひとりが「私」の「プロジェクト」を創り、仲間とシェアしあい、共に実現に向かって成長していく実践と学びのプログラムです。マイプロシートと呼ばれるテンプレートを活用し、自分の心の中を見える形にして、そのブラッシュアップを積み重ねていきます。このプロセスを通じて、1）本人の成長、2）想いを共有するコミュニティの創出、3）社会イノベーションの起点となるアクションの3つを同時に生み出すことができます。

〈活用場面（効果）〉
・市民活動、社会起業等の創出
　自分自身の人生を振り返り、仲間たちと切磋琢磨する中で、本当に自分が"ほっとけない"こと、実現したいことが明らかになっていきます。具体的な活動の実践や構想を持っている人はもちろん、なんとなく漠然とした想いを持っている人にとっても効果的です。
・プロジェクト型学習（PBL）への活用
　自らのプロジェクトをつくり、実践していく過程では、関係する分野のリサーチ、多様な人たちとのコミュニケーション、チームをまとめるリーダーシップなど、非常に多岐にわたる能力が鍛えられていきます。
・コミュニティ（地域・組織など）の活性
　日々の活動が「私」と紐づいていくことは、1人ひとりのモチベーションや主体性の向上を促進します。またマイプロを共有することで相互理解も深まり、コミュニティ全体としての関係性やコミュニケーションの質も向上していきます。

〈留意点〉
・社会貢献や世界を変えるような大きなコトでなくても大丈夫。大切なのはまず「自分の思い」に耳を傾けることです。また形にしたマイプロの卵は、とにかく人に発表してみることです。小さくても第一歩をやってみることです。

【マイプロ・プリンシプル】
1. 安心・安全な場
　　今日ここで聴いた話は、ここだけの話にする
2. 仲間・プロジェクトの評価はしない
　　「それって意味あるの」など一方的な評価、批判をしない
3. プロジェクトは変わってもよい
　　学びや気づきを経て、プロジェクトがガラッと変わってもよい
4. プロジェクトを見るな・人を見よ
　　やりたいと思っている「あなた」が、どんな人なのかを見る

〈実施の手順〉

① マイプロシート（ME編、PJT編の2枚）へ記入し、仲間とシェアをする
シートはオープンライセンス（参考のサイトからダウンロード可）。集まる人々の属性や会の趣旨に合わせてカスタマイズを行ってもOKです。
　書いたものはメンバーにシェアをして、感想や意見を述べ合う。最後に1人ひとりメッセージを書いて、本人に渡すのも非常に有効です（メッセージカードもダウンロード可）。

② 実践し、その成果や気づきをまとめる
自分と紐づいた小さなアクションをしてみましょう。いきなり大きなことをしようとせず、図書館で調べたり、知り合いから話を聞いたりなど、自分ができる小さな一歩から始めてみます。

③ 振り返りとメンタリング
実践の成果や気づきを発表します。また聞いた人は発表者に質問やコメントを行います。結果が失敗や行動できなかったとしても、「なぜそうなったのか」の部分にフォーカスを当てましょう。

〈ポイント〉

・フルスケールでの実施は、実践（行動）を伴うため、数ヶ月の期間、月に1、2回集まることが理想です。ただし、マイプロ作成とシェアのみであれば、1回3時間程度で実施可能です。その場合でも、個人の気づきや参加者同士の深い交流などの効果は生まれます。
・毎回、チェックイン、マイプロの意図の説明、マイプロ・プリンシプルの提示などを通じて、場を整えることも大切です。

（西尾直樹）

（参考）
マイプロ研究会ウェブサイト【※シートのダウンロードはここから】(http://my-pro.me/)
全国高校生マイプロジェクト（https://myprojects.jp/）

〈少し応用、学んでおきたい手法〉

ハテナソン〜問いを創る学び場

〈概要〉
　ハテナソンは、「はてな」と「マラソン」を組み合わせた造語で、問いを創る学び場を意味します。質問づくりメソッド "Question Formulation Technique（QFT）" を基本プロセスに持っています。

〈活用場面（効果）〉
・好奇心や関心を出発点とする学びを創発したい時
・重要かつ適切な課題を探索、発見したい時
・民主的・建設的な人間関係をつくりたい時
・困りごとやアイデアを分かち合い、解決・実現したい時

〈留意点〉
なぜ問いづくりを行い、どんな成果・効果を期待するかを事前に検討しましょう（図1A〜D）。

〈実施の手順〉
①場をひらく
　ハテナソンとは何かを説明し、目的とゴール、進行プラン、グランドルール（お互いを尊重するなど）などを伝えます。
②場をつくる
　氏名、今の気持ちなどを、参加者3〜5名のグループで共有します。
③テーマを導入する
　講演や映像、資料の読み込み、ゲーム形式のワークショップなどにより、問いづくりのテーマを導入し、共有します。
④問いをつくる（QFT）
・3〜5人でグループをつくり、問いの記録係を決めます。
・問いの焦点（QF）を提示します。QFは次の問い出しの刺激として、単語や文章、写真や絵など、いろいろなもので設定できます。文章を使う場合は、それ自体が問いではないことに注意します。
・4つのルール（問いをたくさん出す、話し合い・評価・回答をしない、正確に記録する、肯定文は疑問文に直す）のもとで問い出しを行い、紙に記録します。
・問いを閉じたもの（はい／いいえなど一言で答えられる、または選択肢から答えを選ぶことができる）と開いたもの（説明が必要となる、はい／いいえでは答えにならない）に分類し、幾つかの質問を変換（閉→開、開→閉）します。

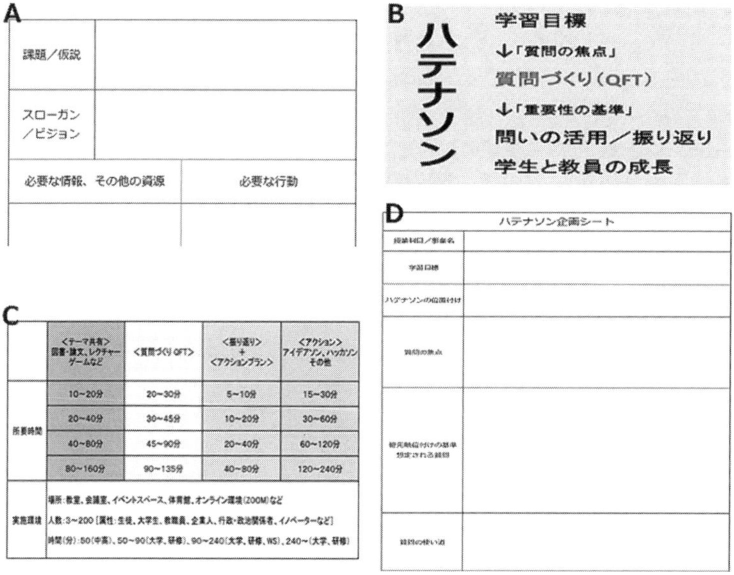

(図1) 問いの活用（A）、全体像（B）、プログラムデザイン（C）、企画シート（D）。

・大事な問いを選び、全体で大事な問いとその選定理由を共有します。
⑤問いを掘り下げ、育てる
・仮説、検証のビジョン／スローガン、検証に必要な情報と行動を言語化し、問いに対するアクションを見通します。
・イシューを特定し、より適切な問いを探します。
⑥振り返りとネットワーキング

〈ポイント〉
・民主的で安心安全な場づくりに注力しましょう。
・発散思考と収束思考のメリハリある流れをガイドしましょう。
・参加者全員の行いと貢献に等しく感謝しましょう。
・参加者との共創のひとときを、こころから楽しみましょう。

(佐藤賢一)

(参考)
　QFTはアメリカのRight Question Instituteが開発したメソッドで、ダンロスステイン『たった一つを変えるだけ』（新評論、2015年）という本で紹介されています。問い出しの4つのルールは民主的な場づくりに、問いの分類と変換は自分と問う相手（人、物や事）との間にどのような関係性でコミュニケーションしたいのかを考えるのに、それぞれ役立ちます。

〈少し応用、学んでおきたい手法〉

コーチング（傾聴と問いのスキル）

〈概要〉
　コーチングとは、コーチの問いによって、相手が内省し、自分の価値観を認識・承認することで、意識や行動の変容を促す手法です。コーチが受け手の発言や感情に意識を集中して対話に臨む（深い傾聴を行う）ことで、相手がより深く内省することや発言しやすい環境をつくることができます。
　ファシリテーターが、コーチングのスキルを活用することで、参加者の発言意図をより明確にし、多様な意見やアイデアを引き出したり議論を深めたりすることができます。

〈活用場面（効果）〉
・参加者の発言がわかりにくい、他の参加者に伝わっていない時等に、オープン・クエスチョンで質問することで、内容を明確にしたり掘り下げることができます。
・議論を深めたり活性化させたい時に、深い傾聴を行うことで、場の空気や流れを感じられるようになり、オープン・クエスチョンにより対話を深めるための効果的な質問を投げることができます。

〈傾聴〉
・傾聴にはレベルがあります。ファシリテーションを行う際には、レベル1よりも深いレベル（レベル2、3）での傾聴を意識することが重要です。

傾聴のレベル	ファシリテーターの状態
レベル1	自分自身に焦点を当てている状態
レベル2	相手の発言や表情に集中している状態
レベル3	相手の感情など目に見えないものや身ぶり・手ぶりから感じられるものにも意識を向けている状態

〈問い〉
・「問い」には、はい、いいえといった限定的な回答を求める「クローズド・クエスチョン」と、答えが限定されない「オープン・クエスチョン」の2種類があります。状況に応じて使い分けます。

種類	オープン・クエスチョン	クローズド・クエスチョン
特徴	答えが限定されていない （例）どういうところが好きなの／どういうふうに考えたの	・はいかいいえで答えられる ・答えが限定されている （例）どちらが好きですか／ちゃんと考えたの
使用するのに適した時	・議論を活性化させたい時 ・多様な意見やアイデアを引き出したい時	・事実確認を行いたい時 ・意志決定を行う時
利点	幅広い考えや思いもよらないアイデアを引き出すことができる	・素早い回答が得られる ・参加者が発言しやすい
不利点	答えが出るのに時間がかかることがある	考えが深まらない

・議論を深めるには、掘り下げる質問（※掘り下げる質問の例、具体的には／それで／もっというと／例えば）を行うことも有効です。

・相手がすでに持っている答え以上のものを引き出すには、「WHY（なぜ）」よりも、「WHAT（何）や HOW（どのように）」を使う方が効果的です。

（言い換えの例）

WHY（なぜ・どうして）	WHAT（何を）、HOW（どのように）
なぜ（どうして）、それをやりたいのですか	・何を目的にしているの ・それをすることでどうなるとよいと思っているのですか
なぜ（どうして）、そう感じたのですか	・何がそう感じさせたのですか ・どう感じているのですか

〈実施の手順〉傾聴の練習
① 2人ペアになり、話し手と聞き手を決めます。
② 話し手は2分間話します。テーマは朝起きてからの出来事や最近読んだ本の感想等何でも構いません。
③ 聞き手は、話し手の話を「レベル1」で30秒、「レベル2」で30秒、「レベル3」で1分間聴きます。その間は質問したりせず、相手の話に耳を傾けます。
「レベル1」では、自分が次に話すこと等を考えながら聴いてください。
「レベル2」では、相手の話や表情に集中して聞いてください。
「レベル3」では、相手の言葉の裏側にある感情や身ぶり・手ぶりにも意識を向けて聞いてください。
④ 役割を交代し、②、③を繰り返します。
⑤ お互いに、レベル1～3で聴きあった感想を共有してみましょう。
傾聴のレベルによって、話しやすさは変化したでしょうか。話す内容に影響はありましたか。
傾聴のレベルによって、相手の話はどんなふうに聞こえ、何が伝わってきたでしょうか。

〈実施の手順〉オープン・クエスチョンの練習
① 話し手を1人決めます。話し手は「怒ったこと」、「悲しかったこと」等感情が揺さぶられたことについて1分～2分話します。
② 聞き手役（1人～複数でも可）は、レベル2～3で傾聴します。
③ 話し終わったら、聞き手はオープン・クエスチョンで問いかけ、話し手はその問いに答えます。2回目の問いからは、話を掘り下げられるよう前の問いへの回答に対して質問を行います。
④ 感想を共有しましょう。
話し手に新たな気づきが生まれた時や変化が生まれた時の質問はどんな質問だったでしょうか。

(山本恵果)

（参考）
　コーチングは、質問によって人々の成長を促す手法として古代ギリシャから用いられてきましたが、1970年代以降主にスポーツ分野で採用され、1980年以降アメリカで現在のコーチングの形として発展しました。ジョセフ・オコナー、アンドレア・ラゲス『コーチングのすべて』（英治出版、2012年）
　ヘンリー・キムジーハウス、ギャレン・キムジーハウス、フィル・サンダール著、CTIジャパン訳『コーチング・バイブル（第3版）―本質的な変化を呼び起こすコミュニケーション』（東洋経済新報社、2012年）

〈少し応用、学んでおきたい手法〉

シナリオプランニング

〈概要〉
　シナリオプランニングは1970年代にロイヤル・ダッチ・シェル社が活用し、大きな成果を上げたことで注目されたプランニングの手法です。起こりうる未来のパターンを探求し、複数のシナリオを作ることで、日々の意志決定に活用します。変化が激しく先の見えなくなった時代の中で多くの企業、自治体などが、このシナリオプランニングという手法を活用し始めています。

〈活用場面（効果）〉
・企業の経営戦略・事業計画、自治体の総合計画など長期的な目線で戦略や計画を策定する時
・未来予測が難しく、不確定要素が多い中で意思決定をしなければならない時

〈留意点〉
・普段なじみのない考え方をするプロセスが多く、進行役や参加者の力量が求められます。
・多様な視点を持った参加者を集めないと、考えが偏ったプランニングになる場合があります。

〈成果〉
・今までイメージしたことがなかった未来像を考えたことで、実行するプロジェクトへの情熱が高まった。
・最悪のリスクも想定することができ、未来の不確定要素が大きくても安定した一歩を踏み出すことができた。
・プロセスの過程で様々な角度からの意見交換ができ、個人としての視野が格段に広がった。

〈実施の手順〉
　シナリオプランニングは、その目的とテーマによって手順も変わってきます。ここでは一般的な進め方を紹介します。

　第1ステップ：シナリオテーマの設定
　　シナリオプランニングで何を考えるかを明確にします。

第2ステップ：外部環境分析
　メンバーにとって関係のある外部環境を洗い出します。

第3ステップ：ベースシナリオ分析
　確実性が高いベースとなる世界を描き、それに備えます。

第4ステップ：シナリオマトリクス作成
　起こりうる複数の世界を描き、それに備えます。

第5ステップ：シナリオ分析＋ストーリー作成
　各シナリオの中身を詳細に把握するために分析を行い、必要があればストーリーを作成します。

第6ステップ：アクション検討
　理想に向けてのアクションを考えます。

(嘉村賢州)

(参考)

ウッディー・ウェイド『シナリオ・プランニング——未来を描き、創造する』(英治出版、2013年)
キース　ヴァン・デル・ハイデン『シナリオ・プランニング「戦略的思考と意思決定」』(ダイヤモンド社、1998年)
アダム　カヘン『社会変革のシナリオ・プランニング』(英治出版、2014年)
一般社団法人シナリオプランニング協会　https://www.jspc.or.jp/

〈少し応用、学んでおきたい手法〉

未来を新聞記事として表現する

〈概要〉
　バックキャスティング（未来からの視点で物事を考える）によりアイデアやビジョンを具体化する技法の1つです。ブレインストーミングなどで出たアイデアを未来のニュースとして記事にしていきます。記事化することでアイデアの背景や具体的な効果を見える化することができ、チームやコミュニティで共有しやすくなるだけでなく、さらに広がるアイデア出しやプランニングにつなげることができます。

〈活用場面（効果）〉
・ブレインストーミングなどで出てきた有力なアイデアをより具体化したい時
・チーム内でアイデアやビジョンを深いレベルで共有したい時
・アイデアワークショップを楽しく盛り上げたい時

〈留意点〉
・創造的な力を必要とするため参加者の得意・不得意が分かれやすい。
・創造性が試される場のため、とっぴな意見を歓迎する雰囲気と関係性を事前に作っておく必要があります。
・アイデアがユニークであるほどより創造的で場が盛り上がりやすくなりますが、実現へのステップで壁にぶち当たる場合があります。

〈成果〉
・アイデアを具体化することで本当に実現したい情熱がわいてきた。
・一言では伝わってこなかった他の参加者のアイデアの本当の面白さが伝わってきた。
・アイデアを具体化することでさらにアイデアを深めたり、議論を深めるうえで重要な切り口を見つけることができた。

〈実施の手順〉
第1ステップ：プロセスの説明
　　2〜5のプロセスをわかりやすく説明します。
　　記事の文字数、作成時間、発表形式などを伝えます。

第2ステップ：記事にしたいアイデアを1つ選び深める
　　具体化したいアイデアを1つ選び深めていきます。
　・アイデアの具体化
　・アイデアがうまくいった時の状況
　・アイデアがうまくいった時に、どのような世の中にインパクトがあるか等

※この段階でアイデアの実現方法など枝葉に時間を取られないように注意します。

第3ステップ：記事の本文を作成する
　　新聞記者になりきって客観的に本文を記述していきます。一般人にもわかるような表現。具体的な数字やお客さんの声などを具体的に記述するほど魅力的な記事になります。

第4ステップ：記事に見出しを付ける
　　アイデアの中身や魅力を凝縮したタイトルを付けていきます。新聞記事と同じように魅力的に簡潔にまとめることで読者を惹きつけるように磨き上げます。

第5ステップ：共有・意見交換
　　壁に貼って眺めるギャラリーウォーク、パネルセッション、プレゼンテーションなど状況に合わせた方法で共有時間を取ります。共有後は意見交換の時間をとることでさらに発想を磨き上げたり、気づきを促す時間を必要に応じて提供していきます。

※これらのステップは個人ワーク・グループワークどちらの形式でも機能させることが可能です。

（嘉村賢州）

〈少し応用、学んでおきたい手法〉

演劇ワークショップ　〜コミュニケーションティーチング〜

〈概要〉
　演劇の手法を活用したワークショップには様々な手法があります。特定非営利活動法人フリンジシアタープロジェクトが実施している演劇ワークショップは、コミュニケーションティーチャー（舞台俳優）がファシリテーターを担い、参加者同士がコミュニケーションを図る場のデザインを重視する「コミュニケーションティーチング」という手法です。
　一般市民を対象にコミュニケーションティーチャー（舞台俳優）がファシリテーションを担い、「人物・時空・事件」の設定という演劇的な3要素を用い、テーマについて一般参加者と学び合います。

〈効果〉
・年齢や背景の異なる多世代の集団であっても、劇づくりという身体的・非言語的コミュニケーションを活かした共同作業を通して参加者同士が学び合うことができます。
・役割演技（ロール・プレイ）を活用することで、考えたことを表現し、身体と一致して体験でき記憶に定着しやすくします。
・発表会をすることで、演劇ワークショップに参加していない人もテーマについて知り、学んでもらうことができます。
・参加者同士がお芝居をつくって発表するという密度の濃い体験を共有するため、終了後のコミュニティづくりにも役立ちます。

〈留意点〉
・身体を動かすことや場面転換が多いため、会場選びでは、机や椅子が移動できる場所を用意します。
・宗教上の理由などで扱えないテーマがある場合など、参加者の来歴を尊重してプログラムをデザインします。
・参加者が多世代であることも個性ととらえてストーリー設定に活かすことができます。

〈実施の手順〉
　コミュニケーションティーチングは、舞台俳優が芝居をつくる過程で使う手

法や技術を、劇の創作だけではなく、様々な現場の課題解決やネットワークづくり等に応用し、舞台俳優の職業能力を社会に還元することを目的に開発しました。コミュニケーションティーチャー（俳優2名）がメイン・ファシリテーター、サブ・ファシリテーターとして進行、台本作り、演出までを担い、「参加者同士の関係づくり」、「テーマ学習」、「お芝居のストーリーづくり」、「発表会」の流れで、4回程に分けてワークショップを行います。余裕があれば回数を増やしてプログラムをさらに充実することもできます。1回3時間ほどで実施します。用意された台本を使って稽古をするのではなく、参加者同士でテーマについて対話をし、みんなで考えた設定を台本にするため、実施回数は単発ではなく数回に分けて行います。

　演劇的手法を用いることで、私たちは様々な設定をすることが可能となります。例えば、「大きな声を出すことが苦手」という人に対して、大きな声を出させる練習をするのではなく、「小さな声で話すキャラクター」を設け、観客にポジティブに捉えられる演出をします。一見、マイナスにとられそうな個性が、「あのキャラクターがおもしろかった」と評価されることで、個性を肯定し、お芝居全体にも貢献する形になります。また、お芝居の世界では、動物や植物、さらに空想上の生き物の役、その他にもアイデア次第で神羅万象様々なものになることができ、物語の創作過程では、役の立場で考えを巡らすことになります。コミュニケーションティーチャーは、参加者が"何者か"になってみることで、どのように感じ、何を伝えたいと思うか等を引き出して共有し、全員で合意形成しながら台本にして劇として発表するまで場をホールドする役割を担います。その他、コミュニケーションティーチングには、演出や台本づくりの最低限のスキルも必要となります。

演劇ワークショップ・プログラムの主な流れ

参加者同士の関係づくり	・自己紹介、コミュニケーションゲーム
テーマ学習	・テーマについて話を聞き、みんなで意見交換
お芝居づくり（チームに分かれる）	・問いから考えた答えを短いお芝居（シーン）で表現 ・中間発表で専門家の意見を聞く ・それぞれが考えたシーンをつなげて一連の物語にする ・台本作りと練習
発表会 ふりかえり	・劇の発表 ・関係者全員でふりかえり

（日高ゆき）

〈少し応用、学んでおきたい手法〉

ロールプレイ

（概　要）
　ロールプレイとは、他者や動物やモノなど、自分ではない誰かの立場や状況に身を置き演じてみる技法です。ある想定のなかで「自分ではないが自分でもある」者が、何を話すのかどう動くのかを体験することで、他者理解を深めたり、自分のなかに潜む考え方や感覚に気づいたりします。子どもの「ごっこ遊び」が世界中でみられるのは、ロールプレイが人間にとって何か根源的な作用や機能を持つことの証しかもしれません。

〈活用場面（効果）〉
　以下の例のように様々な場面で活用されます。1）学校教育において、国語や道徳の教科書の登場人物を演じることでより深く人物の感情や動機を読み取ります。2）企業研修や外国語学習などにおいて、ハウツーを習得する技術訓練として活用されます。3）心理療法や精神分析などにおいて、即興劇の中に現れる言葉や行為の真実性に着目し自己理解・成長、人間関係理解を目的にします。また、4）市民教育、開発教育、環境教育、異文化理解などにも応用されます。課題や現状を意識化・体系化したり、新たな認識や方策を見出す手法として活用されます。
・情報を読んだり聴いたりするのみではなく、実感を伴う学びをつくりたい時
・未知の社会集団、地域、人などについて理解を深めたい時
・ある状況や課題を複眼的に見る視点を育みたい時
・自分自身の深層心理について理解を深めたい時

〈留意点〉
・「他者になってみる」ことへの抵抗感を軽減するため、事前のアイスブレイクが大切になります。
・上手に演じることが目的ではありません。
・人間の内面に深くアプローチする方法なので、例えば差別などのテーマによっては「身をもって知る」ことが心理的負担にならないよう留意します。

〈実施の手順〉
第1ステップ：準備
　参加者が役割体験をリアルに捉えられるよう、シーンの背景、現状、登場人物、課題、必要なら写真や小道具などを整理し準備します。登場人物の詳細を記述した役割カードを用意することも有効です。

第2ステップ：グループ分けと役割決め
　適切な人数のグループをつくります。話しやすい雰囲気をつくるため、アイスブレイクは重要です。ストーリーのように背景、現状、課題、写真、登場人物等を示し、役割カードを配る等を行います。参加者は自分が演じる役割を決めます。

第3ステップ：ストーリー展開
　参加者は自分の役割に従い、自由に発話したり、動作を行ったり、他者の発話を聞いて考えたり、応じたりします。

第4ステップ：ふりかえり
　ある役割を演じてみて、考えたこと、感じたこと、なぜそのような行動をとったのか、とらざるを得なかったのか、どのような条件があれば違った結果が出せたと思うかなど、参加者同士で質問し合ったり、考えを広げられるような問いかけを行います。

図1）地域の伝統文化と課題を演じる高校生
　　　（イフガオ州、フィリピン　直井恵撮影）

図2）オオカミの習性に倣い、獲物を獲る小学生

（飯塚宜子）

（参考）
　リチャード・シェクナー、高橋雄一郎訳『パフォーマンス研究－演劇と文化人類学の出会うところ』（人文書院、1998年）
　台利夫『ロールプレイング』（日本文化科学社、2003年）
　市民学習実践ハンドブック編集委員会『市民学習実践ハンドブック30』（開発教育協会、2009年）
　渡部淳＋獲得型教育研究会編『学びを変えるドラマの手法』（旬報社、2010年）
　クリシヤ・M・ヤルドレイ＝マトヴェイチュク、和泉浩監訳、和泉浩・若有保彦訳、井門正美翻訳企画『ロール・プレイ－理論と実践』（現代人文社、2011年）
　パウロ・フレイレ、三砂ちづる訳『被抑圧者の教育学（新訳）』（亜紀書房、2011年）

〈少し応用、学んでおきたい手法〉

企画会議の進め方

〈会議はいろいろ〉
　「会議の進行が苦手」という人は多いですね。会議には、関係者の交流、プロジェクト等の立案、具体化、進捗確認など様々なタイプがありますが、いずれも、参加者の合意を限られた時間で構築するのは容易ではありません。
　そのため、意見対立による混乱を避けようと、権威ある人を座長に据え、予め用意した案の承認を求める「予定調和型会議」がよく行われます。ファシリテーターが目指すものは、多様な参加者の意見を引き出し、活発な議論を経て合意を得ることで「予定調和型会議」とは対極にあります。すぐれたファシリテーターが多く生まれることで、「予定調和型会議」に頼る人たちの考えを変えることができるでしょう。
　ここではプロジェクト等を立案し具体化する「企画会議」を例に、会議の進め方の基本原則や手法などを紹介します。

〈よくあるこわい会議〉
　紹介の前に、イヤな会議の例をあげましょう。
・お通夜のように静まりかえるか、一部の人だけが発言している。
・案を出すたびに「そんなの、うまくいくはずがない」と否定する人がいる。
・役職やこれまでの参加回数などが、意見の軽重に反映される。
・一部の人のみに通じる略語が飛び交う。
・銘々勝手に話し出し、誰が発言しているのかわからない。
・決まったことを後になってぶり返す人がいる。
　会議進行の基本的な原則や手法を知ることで、このような会議は防げます。「原則」や「手法」は決して特効薬ではありませんが、知っておくと心に余裕が生まれます。

〈企画会議の４つのステップと準備〉
　企画会議の場合、参加者の意見を引き出す「拡散」に続き、「整理・集束」「決定」「具体化」の４ステップがあります。これらを一度の会議で扱う場合もあれば、何度かに分ける場合もあります。
　参加者が気兼ねなくアイデアや意見（以下、アイデア）が出せるよう、会場

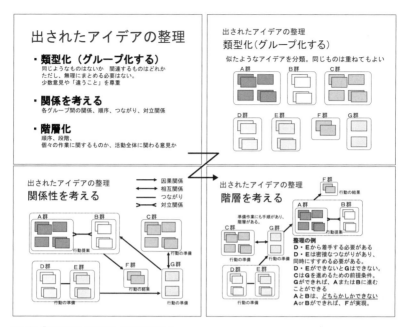

竹村哲『問題解決の技法』を参考に作成

の雰囲気も重要です。参加者への気配りは茶道の茶室のしつらえに通じるものがあります。

　記録係やグループ討論の補佐役など、必要な役割を決めておきましょう。初参加者がいる場合は、最初にアイスブレイクや自己紹介を入れることも忘れずに。これまでの議論の紹介や、一部の参加者のみに通じる略語使用のNGなど、初参加者が違和感なく議論に参加できる状況づくりも大切です。

〈「拡散」とブレインストーミングの4つの約束〉

　「拡散」では、「とにかく多くのアイデアや意見を出す」ことが大切です。参加者から多くのアイデアを引き出す手法として、ブレインストーミングがあり、以下の「4つの約束」のもとにアイデアを出してもらいましょう。
・質より量（完成度にとらわれず、できるだけ多くのアイデアを出す）
・批判厳禁（他人が出したアイデアへの反論や評価はしない）

・便乗OK（他人のアイデアを発展させた新案を出してもよい）
・自由に発案（自身の立場にとらわれず、他と似たアイデアでも遠慮しない）

・カードを用いたブレインストーミングの留意点
　ブレインストーミングでは、よくカード（ふせん）が用いられます。カードに記すことで参加者の考えが可視化され、整理作業にも便利です。以下は、カードへのアイデア記載時の留意点です。
・1カード1案件を徹底する。
・遠くからでも読めるよう太く大きな字で書く。
・「問題の洗い出し」か、「対策・行動の検討」か、アイデアのステージが揃うよう前提を明確にする。
・考えをまとめるのが早い人とそうでない人がいるため、一定時間「考え、カード記載の時間」を設ける。
・全体またはテーブルごとに、全員が同じ持ち時間でアイデアの発表をする（一巡後は自由に意見を出してもらってよい）。

・もう少し深めると
　アイデア発表の際、カードが出されるたびに「それはさっきの○○と同じだ」と、グループ化しようとする人がいますが、これはNG。発案者の意図はそれぞれ違うかもしれません。グループ化は、次の「整理・集束」のステップで行いましょう。
　カードへのアイデア記載について、単語だけでは発案者の意図が伝わりません。ワンセンテンスで書いてもらいましょう。「問題の洗い出し」の例では、「ごみ問題」ではなく、「ごみ問題への関心が低くなっている」などです。

〈整理・集束〉
　アイデア出しの次は「整理・集束」です。出されたアイデアをグループ化し、グループ間の「関係性」「階層」を見ていくことで、取り組むべき課題が見えてきます。
　前頁図の例では、D群とE群は他の群と階層が違い、プロジェクト実施前の作業を表しています。A群とB群は具体的行動で択一（対立関係）。A群またはB群いずれかを推進することで、F群が実現します（因果関係）。この例で

は、AまたはBのいずれかが取り組むべき課題として見えてくるわけです。
　仮に、アイデアのステージを明確に伝えても、様々な段階のアイデア等が出されます。それらを排除せず、含めて整理することで、「具体的行動」のイメージがより明らかになります。

〈決定〉
　整理作業を経て残った案を絞り込む指標として、「自分たちのミッションや事業目的に適うか」、「期待できる成果」、「実現可能制」などがあります。内容によっては「先進性」や「独自性」も指標になるでしょう。
　どの指標を採用し、どのような決定プロセスを採るかは、会議の参加者が決めることです。ここまでの議論で、参加者たちは豊かな議論ができるようになっているはずです。ファシリテーターは指標の候補や決定プロセスの案を示すにとどめ、議論を見守りましょう。

〈具体化〉
　採択された案の実現のため、目標と達成期限、評価指標、動き始める手順と、「誰が」、「何を」、「いつまでに」、「どのようにするか」などの分担を決める必要があります。これらについてもファシリテーターは、必要な要件を示すにとどめ、一歩引いて参加者の議論を見守りましょう。
　最後に一連の会議で決まったことを確認し、欠席者への連絡役を決めて会議を締めましょう。

（堀孝弘）

（参考）
竹村哲『問題解決の技法』（海文堂、1999年）

第 3 章

ファシリテーションの実践

〈地域づくり〉

愛知県豊根村の村民と職員の協働による総合計画づくり
～多様な参加手法による意見の引き出し手法～

▼概　要

　豊根村は愛知県の最北東部に位置する人口1,106人（平成31年3月31日現在）の過疎の進む山村です。人口減少社会の中で全国に先駆けて高齢者数も減少する「脱高齢化」を迎える村で、今後10年間のむらづくりの指針となる「豊根村むらづくりビジョン2027（第6次豊根村総合計画）」の策定に向け、むらづくり委員会や中学生ワークショップなど、多様な世代の参加の場を設け、村民と行政が一丸となって検討を重ねました。

▼この事例で伝えたいこと
・参加者である村民が参加を通じてむらづくりへの参加意識を高める工夫
・次世代のことも考えた将来の村に向けた話し合いの工夫
・村民のアクションを生み出すための工夫
・村民が実感の持てる計画づくり

図1）豊根村むらづくりビジョン冊子（概要版）

▼詳細内容・プロセス
▽ねらいと全体の構成

　むらづくり委員会は村民（15名）、各種団体（13名）、役場職員（19名）の立場も年齢も異なるメンバーで村の将来を語り、それぞれがむらづくりに取り組むプレイヤーになることをねらっています。ただ単に評論家としての発言ではなく、現状や危機感を共有し、自分事として建設的な意見交換ができるように、ワークショップの実施にあたっては、
①暮らしの視点で現状を評価しながら、総合計画が扱う領域が広範囲にあることを理解し、村民が関心や興味を持つ分野などについて共有すること。
②今後のむらづくりで重点的に取り組んでいくことを把握するために、今ある魅力をどのように伸ばすのか、将来の不安をどのように解消するのかなど、むらづくりに向けた課題を洗い出すこと。

③10年後の村の理想の姿を創造しながら、村民が願う将来の目標を描くこと。
④将来目標に向けて行政が行う施策・事業と連動して、自分でできること、村民みんなでできることなど、村民主体でのアクションにつなげていくこと。
を目指し、プログラムを設計しました。

1）現計画の評価・検証からスタート！
　新たな計画づくりにあたっては、現計画に基づいてこれまでの事業とその成果を行政からの視点だけでなく、村民の立場からも評価・検証するため、付箋等を使って施策項目ごとに「プラス評価」と「マイナス評価」の意見を出し合い、評価するワークを行いました。
　村民は総合計画で取り扱う分野が広範囲にわたることを理解しながら、村民の目線で暮らしが良くなった効果的な事業をプラスに評価する一方で、必ずしも暮らしの豊かさにつながっていない事業があること、そのような事業でも必要性があることなどを、村民と行政が相互理解することができました。また、行政側の評価だけでは適正な検証ができないことも明らかになりました。

2）何を伸ばしたいのか、将来に何の不安があるのかを共有
　限られた予算、人、時間の中、全ての事業を実施することは困難です。「何を大切に取り組んでいくべきか」、「将来の何に不安を持ち、何を改善するのか」などの優先順位を明確にすることが必要です。そこで、「今後も伸ばしたいこと」とそれを「さらに強化するために取り組むこと」、「将来の不安」とその「不安解消のために重点的に取り組むこと」のアイデアを、「アイデアカー

図2）重点的に取り組むむらづくりのアイデアの発表の様子

図3）意見を引き出すアイデアカード

ド」を使いながら1人ずつ意見を出し合い、出されたカードを、KJ法を使いながら分類・整理し、参加者の関心の高い、優先順位の高い取組を明確にしました。

3）将来ビジョンの検討・共有
　10年後の豊根村がどのような村であったらいいのかを検討するため、想像力を自由に膨らませ、思いつくまま将来のめざす姿を付箋に書き出しました。「笑顔で楽しく暮らせる村」、「住んでいる人はイキイキ、訪れる人はワクワクできる村」、「夢があふれる仕事がある村」などの様々なキャッチフレーズが集まり、ファシリテーターを中心にKJ法で紐解くと、過疎化が進む豊根村にとって「しごと」、「ひと」、「暮らし」をどのようにしていくのかがテーマとして浮かび上がり、その先にある将来の姿として「ずっと住み続けられる村」が参加者全員で共有されました。

4）将来ビジョンを実現するための村民の行動を考える
　「ずっと住み続けられる村」を実現するために、「稼げる村」、「UIターン者を快く受け入れる村」、「みんなで支え合うことができる村」の3つのテーマに取り組むことになり、参加者はテーマ別に分かれ、行政が取り組む施策・事業を参考にしながら、「自分たちでできること」、「村民みんなでできること」を付箋へアイデアを書き出し、それをもとに村民が共感して取り組めるスローガンとしてまとめました。
　その後、各グループで話し合った内容を、他のグループのメンバーと相互理解を図り、また、新たなアイデアを加えるため、ワールド・カフェを実施しました。ワールド・カフェ方式により参加者全員が考え、共感できる村民の行動指針（スローガン）をまとめることができました。

5）村民の行動指針～村民みんなで頑張ることを12のスローガンにまとめる～
　村民の行動指針を村民に伝えられるよう、「言葉の意味が伝わるか」、「村民の心に響き、行動に移してもらえるか」などの視点でスローガンを吟味していくワークを実施しました。
　一文字一文字、丁寧に読み上げながら、地域らしい表現にするには、どのような言葉を使うべきかなど、議論を重ね、みんなが納得する表現へと近づけていき、共感できる12の「村民の行動指針」が完成しました。

6）未来の村を担う若者とのワークショップ
　むらづくり委員会と並行して、中学生を対象に「ずっと住み続けられる村」にするためのアイデアを考えるワークショップを開催しました。

図4) 村民みんなで頑張るスローガンを考える　図5) 村民の行動指針
　　　ワールド・カフェの様子

　学年ごとのグループに分かれ、「アイデアカード」を使って、村の理想的な村の姿と実現するために必要な取組を考えました。ワークではまず、個人で、次は2人1組のペアで、最後はグループ全員でと、段々と共有するメンバーを増やしながら話し合い、グループで「理想の村のイメージ」とそのために必要な「具体的な取り組み内容」をまとめました。1人ひとりの思いから全員の思いへと共有の輪を広げていき、若者にとって住み続けられる村にするために必要な取組が明確になりました。

▼この事例から何が学べるか

図6) アイデアカード

　計画づくりのワークショップでは、参加者の意見をできるだけ反映して「実感の持てる計画」にするとともに、むらづくりへの意識・関心を高め、むらづくりの行動へと移してもらえるかが重要になります。そのため、ファシリテーターは「むらづくりの楽しさや重要性」を伝えながら、参加者が取り組めることを積極的にアドバイスしていくことが重要です。

(藤　正三)

＊＊＊＊＊＊＊＊＊＊＊＊＊＊＊＊＊＊＊＊＊＊＊＊＊＊＊＊＊＊＊＊＊＊＊＊＊＊＊

(用いた手法)
　KJ法 (28頁)、ワールド・カフェ (32頁)

〈地域づくり〉

朝からつながるまちづくり　みんなでつくる「左京朝カフェ」
～行政の取り組みのプラットフォームとして機能するまちづくりワークショップ～

▼概　要
　左京朝カフェは、京都市左京区（京都市北東部に位置する人口17万人規模の行政区）において、行政と市民の協働型まちづくりを目的に、区民運営スタッフと左京区役所により運営されているまちづくりのワークショップです。2012年（平成24年）5月にスタートし、2018年12月まで38回開催され、のべ参加者は1,400名になります。

図1）左京朝カフェのようす

▼この事例で伝えたいこと
・ネットワーキングを目的としたまちづくりワークショップの企画・運営方法
・行政の取り組みをつなげ、プラットフォーム機能を持つ場の運営方法
・多様な取り組みをスタートアップさせるための運営方法

▼詳細内容・プロセス
▽経緯
　区役所が策定する基本計画の中で、区民と協働して行う事業を募集するために限定企画として開催しました。区民から自らこの場を継続したいという提案があり、区民と区役所が協力しながら朝カフェを継続することになりました。住民主体で運営し、区役所がサポートを行うことで、より区民にとって参加しやすいイベントになり、結果的に多様な人が集う場になりました。

▽区役所職員向け研修の実施

　区役所では区民が自由に参加できるワークショップを開催した経験がなかったため、職員対象の研修を開催しました。参加者とスタッフは対等なこと、一緒にまちづくりを行うというスタンスの共有、明るくていい雰囲気をつくって打ち出すことで、クレームではなく、ポジティブな活動へつなげてもらうことなど、マインドセットを行いました。また、当日は普段着で参加するようにしました。

1）全体の構成とねらい

　左京朝カフェは、AとB、2つのシーズンに分けて開催しました（立ち上げ当時）。

　A．3回に分けて3種類のワークショップ（WS）（①ワールド・カフェ　②オープン・スペース・テクノロジー　③プロアクションカフェ）を行う。

　B．テーマ別（子育て、国際交流、学生、アート、ソーシャルビジネス、田舎暮らし等）のWSを行う。

　Aのねらいとしては、①交流を行い、多様な人の話を聞き、知り合う。②好きなテーマを持ち寄り、関心のある人が集い、連帯感を生む、グループ形成を目指す。③「これをやってみたい」という具体的なアクションを考えながら、共に動いてくれる応援者をつくり、一歩を踏み出すことを目的として3回セットで行います。これは、区の市民活動を支援する助成金の募集前等に開催します。

　Bのねらいは、参加者の関心の高いテーマを選び開催することで、テーマに関心のある新しい朝カフェの参加者を増やすことです。アクションを促す取り組みとして、常時、参加者は自分たちの活動内容を「左京朝カフェグループ」として登録することができます。登

図2）左京朝カフェチラシ

第3章　ファシリテーションの実践　83

図3）左京朝カフェ看板

図4）左京朝カフェクッキー　参加費を300円に設定し、左京区のお菓子を提供していました

録すると左京朝カフェのFacebook、区のHPで告知でき、区の市民活動支援の助成金を申請する時に「左京朝カフェグループ」として申請できます。登録のハードルを極力抑えるため、用紙1枚で簡単に登録できるようにしました（現在23グループが登録）。

▽広報

　子育て世代や学生など、それまで、区役所が関わりを持てていなかった層に来てもらいたかったので、若手アーティストに依頼して、イラストをふんだんに使用した、明るくポップなフライヤーを作成。また、朝カフェのロゴで立体的な看板を作成し、イベントごとに持ち運べるようにして集合写真を撮影し、フライヤー用の写真撮影にも使用しました。開催時間については、小さい子どもを持つ方にヒアリングし、子どもが昼寝を行う午後の時間を避け、朝食と昼食の間の時間帯の午前10時から12時半にし、そこから「左京朝カフェ」というネーミングをつけました。

▽ネットワークのハブになる

　当時、区役所では6つのまちづくりの事業が動いていました。朝カフェで、今まで区役所と関わったことがない人が集まり、彼らが区や学区のイベントや伝統行事に参加したり、ボランティア活動に取り組むことにより、左京区のまちづくりのエコシステム（生態系）が一気に拡大しました。エコシステムに加わった学生がいろんな地域に出かけ、住民とつながり、また友人をつれて遊びに行くことで、地域の関係人口が増え、多様性がある開かれた地域づくりにつながりました。それを機に、過疎地域に20代の女性が移住してシェアハウスを

始めたり、京都市の民泊制度が新しくなったり、新たなコミュニティビジネスが生まれたりと、多様な動きが生まれました。

▽祭をつくる

朝カフェでは年に1回、特別企画として「左京大博覧会」というイベントを開催し、ライブやトークセッション、左京区の個性的な店舗のフードやドリンクの出店、朝カフェグループの発表等を行うお祭りを開催しています（毎回200〜300名程度が来場）。5回目を迎える2018年には4会場に分けて開催。個性的な場を運営している面白い方々と連携し、取り組みを広げています。

図5）古民家流通事業の空家改修見学会

図6）左京大博覧会のようす

▼この事例から何が学べるか

左京朝カフェは、バラエティが豊かなまちづくりワークショップです。区民と区役所が協働し、お互いの得意分野を活かしつつ、多様性を担保しながら進めてきたことが良かったと思います。「自分が持つ器以上の場は作れない」と、全国的に有名なつどいの広場を運営する方がおっしゃっていましたが、1人のカリスマよりも、いろいろな人が自分の器を持ち寄り、強みと多様性のある場をつくることが、これからの社会に必要です。

（山中はるな）

****

(用いた手法)
　ワールド・カフェ（32頁）、オープン・スペース・テクノロジー（OST）（36頁）、プロアクションカフェ（38頁）

〈地域づくり〉

釜石〇〇（まるまる）会議
～まちの未来を考え、実現するためのプロジェクトでチーム化する～

▼ 概　要

　釜石〇〇（まるまる）会議（以下、〇〇会議）は、参加者１人ひとりが「〇〇」に関心ごとや願い、想いを込めつつ、自分たちがワクワクする釜石にするために、地域、立場、世代を超えて様々な人が集まり、出会い、語り合い、行動している、プロジェクト創出型の市民会議です。2015年から2017年に第１期から第４期まで全15回開催され、のべ900人以上が参加し、25のプロジェクトが生まれました。ここでは、主に2017年度に実施された第３期と第４期の会議を紹介します。

▼この事例で伝えたいこと
・ワークショップに慣れていない人も安心して対話できるようにする工夫
・世代や分野、背景の異なる人たちが深い対話をしていくための工夫
・問題意識からだけでなく、つくりたい未来を実現するためのアクション組成の工夫と重要性
・複数回・複数年開催し、継続していくことの重要性
・ファシリテーターが介在しない自主的な準備会合の重要性

▼詳細内容・プロセス
▽ねらいと全体の構成
１）ねらい
　①地域・立場・世代を超えて様々な人が集まり、出会い、語り合い、釜石がより楽しく魅力あるまちにするための交流やアクションを生み出す。
　②参加者１人ひとりが「〇〇」に関心事や願いや想いを込めつつ、そこに向けたワクワクする一歩を一緒に話し、楽しみながらまちに関わるきっかけをつくる。
　③市内外からの多様な参加者の交流によって、市民の定着・定住促進や、つながり人口の拡大を図る。

2）全体の構成
　〇〇会議は会議本番（以下、本番）と、企画運営を担っている実行委員会とで構成されています。本番は第3期・第4期ともに各3回開催され、チラシ・市広報での参加者、継続参加者のほか、地元NPO団体のインターン生や地域おこし協力隊など、釜石に来たばかりの人も参加しています。
　実行委員会は事務局と幹事会、実行委員でつくられています。実行委員は様々な属性・世代の市民が属していて、企画・広報などのチームに分かれています。

▽本番までとふりかえりのプロセス
①本番まで
　月2回程度開催される実行委員会でまず「参加者が」、「実行委員が」、「釜石が」どうなりたいかを出し合い、各期の目的とゴールを設定し、日程や会場を決めます。ファシリテーターは各回の目的やゴール、プログラムのたたき台を作成、実行委員会ではたたき台をシミュレーションします。これらのプロセスを数回行い、磨き上げます。欠席者にも決定事項や発生したタスクに至ったプロセスまで共有できるよう、詳細なログつきの議事録を作成します。
②本番前日
　当日の流れや役割分担・ロジを確認し、会場セッティングを行います。
③本番
　進行はファシリテーターが行い、実行委員は準備や雰囲気づくりをしながら、一参加者として臨みます。
④ふりかえり
　本番終了後、実行委員と希望者によるふりかえりと懇親会を行います。

▽本番のプログラム概要
　世代や分野・背景の異なる初対面の人たちが深い対話をしていくための工夫として、相互インタビューや「私の取扱説明書」を使って関係性を構築します。
　また、「ありたい未来」を描き実現するためのチームづくりのプロセスを丁寧に行いました。
　毎回以下のことを組み込み、ワークショップに不慣れな人も安心して対話できるように工夫しました。

①準備したもの
・名札（呼ばれたい名前・なにかしらのお題の答え「例：私を動物に例えると」を書いてもらう）
・名札をデコレーションするシールやマスキングテープ
・音楽
・飲み物とお菓子（地元のお菓子も必ず）
・手書きのPOPや手作りの会場装飾
・これまでの様子がわかる写真や模造紙
②基本的に毎回実施したプログラム
・チェックイン
・OARRの説明（目的・ゴール・役割・グランドルール）
・ウォーミングアップ
・チェックアウト
・スピーカーズコーナー（参加者からの情報提供）
・写真撮影
③ふりかえり
　毎回本番直後に誰でも参加OKのふりかえりをKPT法で行い、懇親会も併せて開催します。

▽第1期から第4期、そして第5期で見られる変化と可能性
①参加者の属性と年代の変化
　第1期では女性参加者が平均30％だったのに対し、第3期は48％、第4期では42％と当初より増加しています。中学生や、乳幼児と一緒に参加する人、市民活動をしたことがなかったり実行委員が知らなかった参加者も増えています。
②本番のゴール設定とプログラム
　いわゆる「意識高い系」の人だけが集まる場ではなく、誰でも気軽に参加してほしいとの思いから、第3期からは時間を1時間短い3時間に、場所も中心市街地に変更しました。本番で示すゴールも、「ここにいるみなさん同士のつながりが生まれ、深くなり、ここにいない人にも広がっている」、「釜石をもっと楽しむために、ちょっとだけ勇気をだして一歩踏み出せるようになっている」、「気がついたら、釜石でのくらしや仕事がちょっと楽しくなっている」と、柔らかいものに変化させ、参加してからのハードルも下げる工夫をしました。第

3期・第4期ともチーム組成をしないゴール設定でスタートしましたが、第3期参加者のほとんどが「やりたいこと」を生み出したため、第4期はチーム組成をゴールに加えるという嬉しい誤算もありました。2018年度の第5期は、2回の本番と「まるフェス」の開催、活動紹介冊子を作成しました。

③実行委員会の自発的で自主的な開催

事務局が主導して実行委員会を開催した第1期から期を重ねるごとに進め方やプロセスが洗練され、本番実施の3ヶ月前には月2回の実行委員会がスタートし、未来像の抽出→ゴール設定→具体的な行動策定を合意し、役割分担しています。

④参加者の関わり

実行委員になったり、お菓子の差し入れがあったり、片づけやふりかえり・懇親会に参加する人が徐々に増えています。

生まれたプロジェクトはほとんどがチームとして、他団体や他のチームとコラボをしながら活動を継続しています。第1期の「釜石大観音仲見世リノベーションプロジェクト」メンバーがシェアオフィスの運営を開始したり、第4期で生まれたWonderful Sanpoは、高齢者と外国籍の住民との交流を深めるため、散歩代行サービスを開始したりしています。

▼この事例から何が学べるか

土地や組織にしがらみがなく、他地域の事例を知っている外部ファシリテーターが一定年数関わることと、単発・単年度ではなく複数回・複数年開催し継続していくことが重要だということです。

（篠原幸子）

****

(用いた手法)
　チェックイン（22頁）、OARR（10頁）、ワールド・カフェ（32頁）、KPT法（52頁）
　ウォーミングアップ
＊主催：釜石○○会議実行委員会、共催：釜石市
ファシリテーション：NPO法人場とつながりラボhome's vi

〈地域づくり〉

上京区民まちづくり円卓会議拡大会議 上京！MOW
~区民のまちづくりをサポートし活性化させるプロセスと場のデザイン~

▼概　要

　京都市では地域コミュニティ活性化のため、全11行政区でまちづくりカフェを開催しています。まちづくりカフェは、各区役所に配された京都市まちづくりアドバイザーが、区役所の担当者とともに企画し、ファシリテーター役を担います。上京区では、上京！MOW（モウ、M：まち、O：お宝、W：和・輪）がそれにあたります。

　上京区の基本計画（区の個性を生かした魅力あるまちづくりのための指針）を推進するための意見交換の場である、上京区まちづくり円卓会議（以下、円卓会議）での意見交換内容を出発点として、上京！MOW は、円卓会議内外の多くの人が参加し、まちづくりに関する情報交換や、まちづくり活動の活性化を目的としています。

▼この事例で伝えたいこと
・目的を達成するためのプロセス・デザイン
・参加者が安心して場に入るための工夫
・プロジェクトを応援しようという雰囲気を醸成する工夫

▼詳細内容・プロセス
▽ねらいと全体の構成

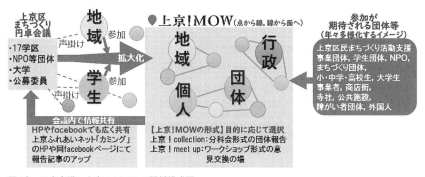

図1）　円卓会議、上京！MOW の関係模式図

上京区には全国各地で活動するNPO等の団体事務所が多数あります。しかし、地元地域とのつながりが薄く、地域の敷居が高いといわれていました。一方、住民自治組織として地域の福祉等を担う地域団体は、地域の高齢化から担い手不足が大きく問題視されています。新たな担い手創出も視野に入れ、上京！MOWでは、活動団体と地域団体が相互理解しつながることによって、地域が活性化することを目指しています。

　基本計画の遂行を区のまちづくり活動の大きなゴールとすると、手前のゴールとして、年度末にどういう状態であるべきかを考えます。そこから逆算して、上京！MOWの内容、開催時期、参加してほしい層の想定など検討します。まちづくりアドバイザーは、ファシリテーターとして企画会議で全体のプロセス・デザインをつくるファシリテーションをします。

1．プロセス・デザインから上京！MOWをつくる
1）上京！MOWの形を決める
　円卓会議の内容を踏まえて、年度末のゴールは、地域とともに活動を行う複数のプロジェクトチームが地域とつながり、地域の課題解決や地域活性のために自走している状態と設定しました。プロジェクトチームは地域とつながる自走するチーム力が必要です。

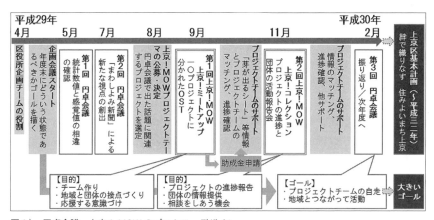

図2）　円卓会議、上京！MOWのプロセス・デザイン

　ここから、
①地域とともに活動するプロジェクトを公募
②1回目の上京！MOWでOST（オープン・スペース・テクノロジー）を実施

③チームとして動けるだけのサポートをする
④2回目の上京！MOWで進捗報告を行う
と計画しました。OSTを選択した理由は、
チームづくりがしやすいこと、地域団体が
直接提案者の話を聞くことにより、プロ
ジェクトと地域がつながりやすいからです。

2）上京！MOWのプログラムをつくる
①第1回上京！MOW

プロジェクトは10件創出されたので、OSTではそれぞれのプロジェクトの話や、参加者の意見を引き出し、模造紙に記録する各会場担当のファシリテーターを10人確保しました。全体ファシリテーターが、会場全体の進捗を把握するため、模造紙を貼る場所、隣同士の話が邪魔にならない距離、参加者が自由に10会場を出入りできる会場レイアウトを考えました。

＜第1回上京！MOWプログラム＞
【上京！meet up】
18:00～　開場、「どんな人が来てるの？」
　　　　　参加者アンケート
18:15～　昨年度の映像放映
18:30～　開会
18:32～　区長挨拶、趣旨説明、進行方法を
　　　　　区長、担当、まちアドのかけあいで
　　　　　説明
18:45～　OST開始
　　　　　・10プロジェクト提案者の
　　　　　　プレゼン（2分/人）
　　　　　・前半　WS（30分）
19:35～　休憩5分
19:40～　・後半　WS（30分）
20:10～　プロジェクト内のまとめ（10分）
20:20～　発表（2分/人）
20:40～　円卓会議議長の総括
20:45～　まとめシート、芽が出るシート
　　　　　（応援）の記入、回収、同時に
　　　　　PRタイム
21:00　　閉会

②第2回上京！MOW

第一部は、プロジェクトの進捗報告と、みんなの参考になる活動団体の活動報告を合計20件、4会場で行いました。会場は途中で自由に行き来できるレイアウトにしました。

第二部は、参加者同士がざっくばらんに話せる場で、上京区のまちづくりに詳しい方に「世話人」として、情報の共有や参加者同士をつなげる役目を担ってもらいました。

2．参加者が安心して場に入るための工夫

上京！MOWでは、初めて参加する人、人が多いと緊張する人などが安心して場に参加しやすいような工夫をしています。

1）「どんな人が来てるの？」参加者アンケート

参加者は受付で名札、配布資料とともにシールを受け取り、このアン

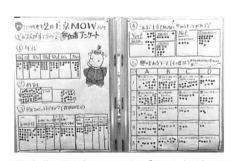

図3）第2回上京！MOW時の「どんな人が来てるの？」参加者アンケート

ケートに貼ります。これにより参加者の傾向、興味あるテーマなどが一目でわかり、参加者の心の安心につながります。
2）関連資料の掲示、展示
　過去の円卓会議のまとめの模造紙、参加団体のパンフ、チラシ、資料等を配架するコーナーや、上京区の大きな地図、参考文献なども展示するスペースをつくります。休憩スペース兼用となり、話し合いに疲れた際の息抜きや、情報収集に活用してもらいます。

3．プロジェクトを応援しようという雰囲気を醸成する工夫
　「まちづくりを応援　芽が出るシート」（以下、芽が出るシート）は、情報がほしい人と、情報を持っている人をマッチングするツールです。あげます編、募集編、応援編、参加編等、使い分けています。第1回上京！MOWのOSTでは、参加者がプロジェクトを応援するためのメッセージや情報を書く応援編、話しが聞けなかったけど他のプロジェクトに興味があるので参加しますよ、という意思表示をしてもらう参加編などを活用しました。回収した「芽が出るシート」を使って、企画チームがプロジェクトチームと参加者をマッチングすることを参加者にも説明しているので、記入したことが即応援となる意識づけになっています。

▼この事例から何が学べるか
　ファシリテーターは、事業を企画する際に、遠い先のゴールを意識した上で直近のゴールを設定し、そのための適切な場と手法（ワークショップ）を決める必要があります。また、その場にいてほしい参加者層、その人たちが場の中で活発に意見を出せるかなど、場のデザインも重要であることを意識しましょう。

（松井朋子）

****

（用いた手法）
　オープン・スペース・テクノロジー（OST）（36頁）

（参考）
　平成29年度の上京！MOW 詳細は下記参照
http://www.kamigyo.net/public_html/event_report/report/20180228/

〈地域づくり〉

京都府綾部市志賀郷町での「小さな拠点」づくり
～若者が入り込むことで農山村の未来の仕組みをつくる～

▼概　要

　京都府北部に位置する農山村地域・綾部市志賀郷地区（人口1,300人弱）において取り組まれた「小さな拠点づくり」について取り上げます。

　国土交通省の補助事業である『「小さな拠点」を核にした「集落生活圏」形成推進事業』を活用し、公民館を中心とした「小さな拠点づくり」と、構想実現の「要」となる「地域協議会」の組織再編を

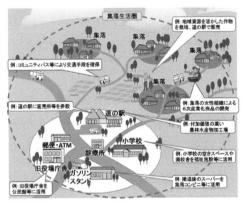

中山間地域における集落生活圏の形成イメージ図
（内閣官房まち・ひと・しごと創生本部作成）

目指して、住民ワークショップ、アンケート調査、団体へのヒアリングなどを経て「将来構想」の策定に取り組みました。

▼この事例で伝えたいこと
・年配住民が主体の地域において、若者（孫）世代のファシリテーターが参画することで「孫に語り継ぐ」かのように課題・現状・ビジョンに関する多様な意見を引き出しやすい状況が生まれること
・若者（孫）世代からの「純粋な（突飛な）問い」が「地域を動かす原動力」となること
・誰もが参画できる「関わりしろ」を意図的につくること

▼詳細内容・プロセス
▽七不思議伝説の里・綾部市志賀郷地区について
　志賀郷地区では、古くから伝わる「志賀の七不思議伝説」を活用した地域振興に取り組んでいます。村では補助金などに頼らずとも住民の主体的な行動に

よって様々な課題を解決してきました。

　現在では、移住世帯の子どもが約半数を占めており、移住者が多いエリアとして全国的にも知られています。近年盛んな「地方創生」の先進事例です。

　しかし、10年先も先進事例であり続けるには、既存組織や個人がバラバラに活動している現状をつなぎ合わせ、強みを活かして弱みを補うために「協働」できる地域経営体制を築かなければいけません。

　志賀郷地区では、特産品加工などに取り組んできた「志賀郷地域振興協議会」が主体となり、団体や個人を問わず委員を公募し、協議会内に「小さな拠点づくり」を推進するための30名程度の実行委員会が組織されました。委員は30歳代から70歳代までの男女で構成されています。

▽**全体のプロセスと用いた手法**
　「小さな拠点づくり」は、約1年半に渡って取り組みました。
　①実行委員会での勉強会　②住民向け説明会　③住民アンケート　④地域活動団体アンケート　⑤先進地視察　⑥公開勉強会　⑦志賀郷地区の未来を描く会　⑧社会実験　⑨住民向けフォーラム　⑩小さな拠点構想の策定
　プロセスでは「ファシリテーターとしての若者世代の参画」を意識しながら「グラフィック・ファシリテーション」や「グラフィック・レコーディング」「ブレインストーミング」などの手法を用いてプロセスデザインを行いました。

▽**ファシリテーターとしての若者世代の参画**
　「小さな拠点づくり」では、積極的に若者世代の参画を試みました。公共政策学、教育学を学ぶ大学生、NPOやまちづくり会社の若手スタッフなど20歳代のメンバーを中心に事業のマネジメントやワークショップでのファシリテーター、先進地視察のガイドなど全てにおいて参画しました。

　会議では「息子や孫と話しているみたいで、いつも会議が楽しみ」と住民の方が笑顔で迎えてくれます。住民は心を開き、地域の特徴や将来への想いなども熱く語ってくれます。年配の方々が多い会議では、若者世代が参画することで、雰囲気も和み自然と笑顔が溢れます。また、住民からは「次世代」を見据えた意見が多く出されます。このように地域の未来を考える場では「若者」であることが大きなアドバンテージとなります。

▽「関わりしろ」をつくり、地域の課題を自分事として探る

　現状を把握するために、住民(15歳以上)にアンケートを実施しました。内容は、ブレインストーミングをしながら意見を出し合い、KJ法で整理しました。アンケートの配布や回収作業だけでなく、住民への趣旨説明なども委員の手で行われました。外部の人間が主導して完璧なものを作成するのではなく、周り道かもしれませんが、意図的に誰もが参画できる余地を「関わりしろ」として作ることは、地域の主体性を醸成することに役立ちます。

▽アンケートから見えてきた「目指したい地区の将来像」

　929件(回答率76.1％)もの回答が寄せられました。多くの住民が望む将来像として「ご近所さんとのつきあいを大切にした人情味あふれるまち」、「空き家を活用し移住者を迎え、将来的に人口もふえていくまち」、「子どもたちがいつでも帰ってこられるまち」、「子どもがたくさんいて、ワイワイしたまち」などの意見が多く寄せられました。

▽フューチャーセッションで、様々な切り口から地域の将来を構想

　「志賀郷地区の未来を描く会」と題し、住民や関係団体を集め40～60名でのフューチャーセッションを開催しました。全3回(各回90分)のセッションでは各回異なったテーマを設定し、多様な切り口から将来像について意見を出し合いました。

第1回	テーマ	「志賀郷地区にあったらいいなと思う場所・コト・サービスを考えよう！」
第2回	テーマ	「公民館・小学校・JAなどを活用し、どんなことができるか考えよう！」
第3回	テーマ	「志賀郷地区で取り組むべき課題について何ができるか考えよう！」

▽「やってみよう！作戦会議」でアイデアを具体化。社会実験に取り組みニーズをさらに検証

　フューチャーセッションでの気づきをもとに、アクションプランを検討しました。「できることからやってみる」ことを大切に、3つのプランを社会実験として取り組みました。

地域の課題	アクションプラン	プランの概要
買い物弱者 (交通対策)	七不思議マート (コミュニティバスの運行)	JA店舗に隣接する倉庫を活用して仮設店舗を運営。あわせて地域内を循環するコミュニティバスを運行し、地域内移動の手段を確保し、交通需要の調査を行いました。
地域内交流	薪 de ほっこりサロン 公民館オープンデイ	買い物ついでに住民同士が交流できる仮設のコミュニティサロンを運営。旧来林業で栄えた地区の特徴を活かし、薪材を利用した暖房や足湯を用意し、薪材利用促進を図りました。地区の中心部にある公民館でも同様のサロンを運営しました。
次世代育成 教育機会創出	こども学習室	貸館施設として利用率の低い公民館を活用し、地域の子どもたちの学習の場を開設。地域の大人たちが見守るなか「宿題」に取り組む小学生や、受験勉強など「自習」に励む中学・高校生が利用しました。

▽グラフィック・ファシリテーションを各種会議で導入

　会議ではグラフィック・ファシリテーション、あるいはグラフィック・レコーディングを導入し、議論の可視化、整理に取り組みました。年配の住民が中心となる会議では、議論が空中戦になることや、延々と同じ議論がループしてしまうことがあります。そのため、時間が長くなり会議疲れを起こしてしまいます（ただでさえ農山村地域では、地域活動に関連する会議が多く、会議疲れは深刻な問題です）。議論を可視化することで、論点を整理し、会議の効率化を図り、会議疲れの住民さんとも「楽しく」地域の将来像について議論できました。

▼この事例から何が学べるか

　農山村地域において「若者（大学生）」はとても貴重な存在です。若者だからこそ引き出せる「本音」があります。若者目線で「こんな地域になったらいいじゃないか」という提案もあり得ます。若者から農山村地域の変革を起こすことができます。

(滋野正道)

****

(用いた手法)
　フューチャーセッション（42頁）、ブレインストーミング（26頁）、グラフィック・ファシリテーション（50頁）、KJ法（28頁）
　グラフィック・レコーディング

〈地域づくり〉

子どもの思いを引き出すまちづくり
~バックキャスティングによるアクションプランづくり~

▼概　要

　熊本県氷川町の女子中学生たちは、行政や他人任せにせずに、自分たちで地元の耕作放棄地の問題を解決していこうと「株式会社氷川のぎろっちょ」を設立しました。大人と比べると経験や資源が少ない彼女たちが、課題解決のためのビジョンやアクションプランをつくり、今後実行に移していきます。

図1）㈱氷川のぎろっちょ　ロゴ

▼この事例で伝えたいこと
・子ども（小学生や中学生）の気づきを引き出すための方法
・アクションを起こすためのビジョンづくりの工夫

▼詳細内容・プロセス
▽氷川町でのまちづくり

　氷川町の人口は1万3000人ほどで、日本全国の田舎のまちが抱えている課題と同じく、少子高齢化や人口減少が進んでいます。地域の衰退に危機意識を持った住民の1人が、まちの30年後を「①子育て環境（自然、人、地域、教育機関）が充実し、コンパクトなまちが形成されている、②全国の高等教育機関や地域・団体との連携により刺激的な交流がある、③複数の産業や生業が共存することで雇用の場があり、多様な豊かさを実現できる」とイメージしました。イメージを具現化するためには、学校・家庭・地域が一体となって教育環境を整え、子どもたちが地域の担い手として成長するための機会や仕組みをつくることが大切だと考えました。

　そこで、その住民が自営する新聞販売センター内に「まちの課題探究・解決コース」を2016年3月に創設しました。小学5年生以上を対象にまちの課題解決に向けて毎週2時間程度の活動を行っています。1年目にはまちの課題を探すための活動をしました。

▽気づきを引き出すまちの課題探し

①まちあるき（2日間）

　ルートを決めてノートとカメラを手にまちあるきをしました。目に留まったことや気になったことを記録しました。

②KJ法による分類（約2時間×2回）

　それぞれの記録をもとに、気になる地域課題をポストイットに書き出しました。出てきた課題を、KJ法で分類し、課題マップを作成しました。

③課題の重要度の順位づけ（約2時間×2回）

　自分が重要だと思う地域課題について「1位：5点、2位：4点、3位：3点…」といった形で点数をつけ、課題の重要度を順位づけしました。

④重要度の再検討（約2時間×2回）

　順位づけの結果をもとに「この課題の点数が低かったのは、なぜなのか」、「順位づけはこのままでよいのか」について、参加者同士で話し合い、重要度の再検討を行いました。

⑤別の視点からの再検討（約2時間×2回）

　自分が「地域住民の1人ではなく、氷川町の町長だったら、どの課題を優先的に取り組むのか」といった視点で課題の重要度を改めて検討しました。

⑥課題を見つけ出す（約2時間×3回）

　①〜⑤を通して、氷川町における重要度の高い課題は「空き地」「空き家」という結論に至りました。直感で気づいた課題に対して、中学生同士が客観的な視点で議論を繰り返しました。そのことで他者の視点を持ち、まちの課題の絞り込みをすることができました。

図2）中学生たちによる議論の様子

▽アクションを起こすためのビジョンづくり
1）実現性を重要視する
　課題を課題として認識するだけに終わらせず、解決のアクションを起こすために、地域住民へのインタビューを行いました。空き家は、不動産に関わることであり、持ち主が町外にいることが多いため、中学生が関わることは難しいと判断しました。そこで、取り組む重要課題を「空き地」に絞りました。

2）バックキャスティングによるビジョンづくり
　課題解決ができた最高のビジョン（ここでいうと、氷川町で空き地問題が解決した状態）について話し合いました。具体的な状況を思い浮かべ、ビジョンの共有を行いました。
　最高のビジョンを実現するために、ビジョンを段階に落とし込み、最初の3年間で【レベル2】までを目指すこととなりました（表1）。
　この思考法は、バックキャスティングといいます。バックキャスティングとは、目標となる未来を想定しそこを起点に現在を振り返って今何をすべきかを考える方法です。いわば未来からの発想法と言われています。

3）ビジョンを実現するためのアクションプラン
　このビジョンを具体的なアクションプランとして落とし込むために、「①耕作放棄地の草刈り、②農産物の栽培と販売、③兼業農家の支援、④オリジナル商品や加工品の開発、⑤学習プログラムの開発と人財の育成」の5つの事業を構想しました。
　5つの事業は、中学生個人として取り組むことのできる範疇を超えていました。そこで個人ではなく、組織として取り組もうと考え、クラウドファンディングを活用しました。目標額の150万円を超える161万3000円が集まりました。中学生と直接面識のない多くの方から寄付が集まり、株式会社の設立に至りました。

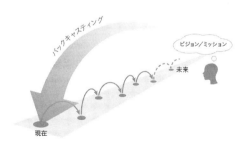

図3）バックキャスティング
（出典）https://www.change-agent.jp/products_services/organization/facilitation.html より抜粋

表1）段階的なビジョン設定

レベル1	草刈りが定期的に行われ、雑草が無い 　耕作放棄地の問題の1つである「見栄えが悪い」ということを解決し、耕作可能な土地にします。
レベル2	退職者などが、趣味や生活費を稼ぐために小規模な農業を行っている 　草刈りをすることでできた耕作可能な土地で、小規模な農業が実施されることで、耕作放棄地を減らします。
レベル3	新規農業者が、兼業農家として安定した生活を行っている 　農業とそれ以外の仕事をする兼業農家を増やすことで、氷川町の耕作放棄地が減るだけでなく、定住促進により人口も増え、様々な面で人手不足を補います。
レベル4	兼業農家が専業農家となり、新たに土地を借りて安定した農業経営を行っている 　専業農家を増やすことで、耕作放棄地0を目指し、農家が安定した経営をする状況を維持します。
レベル5	土地が有効に利用され、新たな雇用を生み出す製造業やサービス業が生まれ、町全体がにぎわっている 　私たちが氷川流域の人と連携をし、イベントや新規事業を通して町の活性化に貢献していきます。

▼事例から何が学べるか

　まちづくりを進めるうえで、抽象的で高度なビジョンを掲げるだけでは、具体的なアクションをイメージしづらくなります。バックキャスティングによってビジョンを段階的に落とし込んで考えることで、それぞれの段階で何をしたらいいのかが明確になり、具体的なアクションプランも描きやすくなります。共感するメンバーを増やすこともできます。

（久保友美）

****

（用いた手法）
　KJ法（28頁）バックキャスティング（100頁）

〈地域づくり〉

ゆがわら多世代ふれあい劇場　演劇ワークショップ
～演劇をテーマ学習とコミュニティづくりに活かす～

▼概　要
　神奈川県湯河原町において、多世代が協働し、地域住民が「未病対策」に取り組むまちづくりプラットフォーム形成の活動の一環として、2016年10月から11月にかけて実施されたのが演劇ワークショップ「ゆがわら多世代ふれあい劇場『タイムマシーン・シアター』」です。「湯河原の今と昔の生活・多世代交流」、「みんなにとっての健康な暮らしとは」をテーマに、俳優と地域住民がお芝居をつくり上演する演劇ワークショップを実施しました。

▼この事例で伝えたいこと
・子どもから高齢者までが共に学び、演劇を通して考えを表現し、身体表現という非言語コミュニケーションを体感できる場づくり
・学んだことを活かして劇をつくり発表することで、自分ごととして意識し発信できる

▼詳細内容・プロセス
　コミュニケーションティーチャー（舞台俳優）2名がメイン・ファシリテーター、サブ・ファシリテーターとして進行・脚本・演出を担い、ワークショップデザイナー1名がテーマに合わせた4回のワークショップのプログラムデザインを担当しました。一般公募で集まった5歳～88歳の参加者20名がコミュニケーションティーチャーと共にお芝居づくりをしました。用意された台本を使って上手にお芝居をするための稽古の場ではなく、多世代地域住民がテーマについて学び合い、共に創作する仲間となって発信をする演劇ワークショップを実施しました。

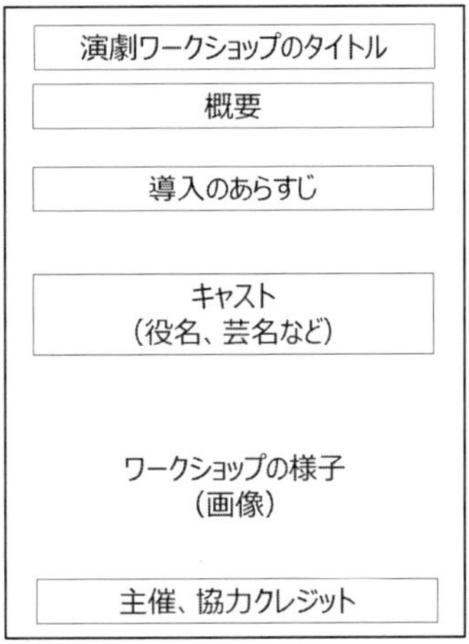

```
┌─────────────────────────┐
│  演劇ワークショップのタイトル  │
├─────────────────────────┤
│          概要            │
├─────────────────────────┤
│      導入のあらすじ        │
├─────────────────────────┤
│         キャスト          │
│     （役名、芸名など）     │
├─────────────────────────┤
│                         │
│   ワークショップの様子      │
│        （画像）          │
│                         │
├─────────────────────────┤
│    主催、協力クレジット     │
└─────────────────────────┘
```

（参考）
　このワークショップは、国立研究開発法人科学技術振興機構（JST）社会技術研究開発センター（RISTEX）研究開発領域「持続可能な多世代共創社会のデザイン」における、「未病に取り組む多世代共創コミュニティの形成と有効性検証（研究代表者：慶應義塾大学・渡辺賢治）」（平成26年～29年度）の活動の一環として行われました。
主催：慶應義塾大学 SFC 研究所、浜松医科大学　共催：湯河原町　協力：湯河原町老人クラブ連合会、湯河原美術協会、特定非営利活動法人フリンジシアタープロジェクト、劇団衛星

図1）発表会当日の配布物

<プログラム>
【1回目】参加者同士の関係づくりと学び合い（3時間）

内容
①演劇ワークショップの流れの説明、自己紹介
②コミュニケーション・ゲームで参加者同士の緊張をほぐしお互いを知る
③テーマについて学ぶ「健康的な生活について」、「湯河原の今と昔の生活」
④劇の「オープニング（起）」と「エンディング（結）」だけは、コミュニケーションティーチャー（舞台俳優）によるコメディー調のデモンストレーション劇を用い、「承」「転」の部分をみんなで考える
⑤劇の内容を考える。問い「健康的な生活とは、どのような状態だろう？」、「昔の自分に言ってあげたいこと」についての対話と発表、参加者の意見に沿って医療関係者からも解説や意見をもらう
⑥少人数グループに分かれ、出されたお題からイメージしたことを短い即興芝居にして発表

【2回目】お芝居づくり（3時間）

内容
①コミュニケーション・ゲーム、演劇トレーニング（発声法、演劇用語のレクチャーなど）
②1回目で創作した短い即興芝居からさらに世界観を広げて、少し長いシーンをつくることに挑戦
③各グループで創作したシーンを見せ合い、人前で表現することに慣れてもらう（図2）
④コミュニケーションティーチャーが演出を入れ、バラバラだった各グループのシーンをつなげて、1つの物語にまとめる

【3回目】お芝居づくり（3時間）

内容
①2回目のワークショップで創作したシーンのおさらい
②コミュニケーションティーチャーが台詞や演出を補足
③台本配布
④ミニ発表会で各シーンの確認
⑤通し稽古　音響も入れて最終確認
⑥衣装や小道具の打ち合わせ

図2）お芝居づくり

【4回目】発表会（3時間）

内容
発表会当日
①リハーサルで上演の最終確認
②発表
③ふりかえり
関係者も含めみんなでふりかえりを行い、体験したことを言語化して意識の定着をはかる

〈ポイント〉
・発表会当日の配布物（図1）にワークショップの様子の写真を載せると、参加者がどのように取り組んできたかを観客にも伝えることができます。
・何度も稽古を重ねる参加者と違い、観客は物語の流れを知らないので、お芝居の世界観に入ってきやすいように、音響（BGM、効果音）、小道具、衣装が伝えるための助けになります。
・サンプラー（効果音などを再生する装置）が無い場合には、パソコンに音を

入れて流すこともできます。

▼この事例から何が学べるか

「湯河原の今と昔の生活・多世代交流」「みんなにとっての健康な暮らしとは？」という、一見かけ離れて見える多世代協働のテーマ学習に演劇の手法を使うと、5歳の子どもが役場の課長として登場するような、現実とのギャップを活

図3）発表会

かしたユニークな配役も可能になります。また、参加者の特技や願望・夢をキャラクターづくりに取り入れたり、現実にはあり得ない事件（今回の事例では23世紀からタイムトラベル中の宇宙船が湯河原町に不時着する）が発生したり、テーマについて伝えたいポイントを劇中で参加型のクイズにして観客にも考えてもらう等々、参加者の「やってみたい」、「面白い」という想いを盛り込むことが可能です。また、テーマが持つ課題を観客へ問いかけるための仕掛けとしても架空の設定を活かすことができます。このように、様々な来歴を持つ参加者の能動的なアイデアを積極的に取り入れて発表し、みんなが楽しむことができるのも演劇ワークショップの特徴です。

（日高ゆき）

＊＊＊＊＊＊＊＊＊＊＊＊＊＊＊＊＊＊＊＊＊＊＊＊＊＊＊＊＊＊＊＊＊＊＊＊＊＊

（用いた手法）
　演劇ワークショップ（68頁）

〈学校教育〉

お困りごと解決会議
～全員が参加できるスッキリ・ミーティング～

▼概要

　「全員が参加できて、それなりの納得感があって、特別に高いファシリテーション・スキル（かっこいいグラフィックが描けるとか、問いかけが上手とか、まとめるのがうまいとか、傾聴力がハンパないとか）がなくても、誰もが扱える話し合いの手法が必要だな」と考えて考案したのが、「お困りごと解決会議」です。各地で実践を積み重ねていますが、これがなかなかの好評。子どもからお年寄りまで、ごく普通の生活者から、専門性の高いプロ集団にまで応用できるために、いくつかのバージョンアップを繰り返してきました。小学校の「算数」の時間などで実践しています。

▼この事例で伝えたいこと
　・困りごとを出し合うことから始める手法
　・効果的な「学び」や「助け合い」を導くリズムとテンポの重要性

▼詳細内容・プロセス
▽コンセプト

　「あなたの困りごとは、世界の困りごとだ」と、僕は思います。困りごとって、人それぞれ、個別で違うように見えるかもしれません。例えば「机の上がなかなか片付かなくて、困っている」という私の困りごとは、個人的なお困りごとだし、わざわざ会議の議題にあげるようなことじゃないと思うかもしれませんが、実は世界中で同じことで困っている人がたくさんいる可能性があります。なので、まずは、私やあなたの困りごとを出し合ってみて、「それをお互いに解決できる機会をつくればいいんじゃないかな」と思った次第です。

▽内容

　小学校の教師をしている友人から「あんたがやってるファシリテーションを使って、うちのクラスの算数の時間を、1コマやってみてほしい」という無茶振りが来ました。僕は教員免許も持ってないし、45分って短いし、どうしよう

かな、と思ったんだけれども、ちょっと面白そうなので引き受けました。

　当日、教室に通されると「はい、みなさん、こんにちは。今日、授業を教えて下さるのは、青木先生です。先生には算数の授業をお願いしているのですが、算数に詳しいわけじゃないんですって。先生が詳しいのは、話し合いの進め方。どんな内容か、楽しみですね。では、青木先生お願いします」とご紹介。あとは、まかせたぜ的バトンタッチをいただきました。

　この時間のねらいとしては、「小学生が持つ、算数に関するお困りごとを出し合って、皆で解決することで、教室全体の算数レベルをアップする」を定めてみました。使う手法は「お困りごと解決会議」です。

　僕は、黒板に、〈算数のお困りごと解決会議〉と書きました。「算数、好きな人、はーい。ほうほう。ちょっと苦手な人、はーい。おおお、たくさんいますねぇ。僕も子どものころ、あんまり算数は得意じゃなかったです。でも、もしかしたら、今日の授業で、みなさんが、算数を好きになったり、困っていることが解決するかもしれません」といって、以下の手順を説明しました。

▽「お困りごと解決会議」の手順
① 今、自分が困っていることをA4の紙に1人1つ書く
② 4人1組をつくって、じゃんけんをする。勝った人から右まわり
③ 困っていることを1番目の人が話す。残りの人は、どうやったら、うまくやれるかを一緒に考えて、持ち時間いっぱいを使って全力でアドバイスする
④ 持ち時間になったら、ちりーんと鈴でも鳴らして、次の人のお困りごと解決に向かう（③、④繰り返して、全員終わるまで）

　というのがお困りごと解決会議の手順です。みなさんが、算数で困っていること、ちょっとよくわからないこと、算数の得意な他の子から教えてもらいたいことを、まずは配っているA4の白い紙に書いて下さい。算数に関して困っていることだったら、どんなことを書いてもいいですよと言って、実際にA4の紙に書いた例示を見せました。

　例えば「小数の割り算をしていると、こんがらがっちゃう」というお困りご

図1）お困りごとを書いて、4人1組をつくって、座れば「お困りごと解決会議」が始まる。

図2）この子のお困りごとは「宿題をするやる気がでない」。どんなお困りごとも、軽んじないで、全力でアドバイスするのがルール。

とでも、かまいません。小数の割り算って、ややこしいからね。こう思っている人は、そう書いてOK。次に、例えば「そもそも、なんで算数なんか勉強しないといけないのか、わからなくて困っている」という人もいるかもしれません。もし、そう思っていたら、そう書いてもらっていいですよ。どんなお困りごとでも、クラスの仲間たちが、一緒に考えてくれます。もしかしたら、算数は得意で、とくに困っていないという人もいるかもしれませんね。その時は〈全然困っていない（^^）〉と書いてもらっても、かまいません。その人は、困っている他の人に時間をわけてあげてください。

といってしばらくすると、みな、コリコリと書いてくれます。「では、クイズ番組みたいに、こうやって掲げてください」とA4の紙を皆に頭上にあげてもらいました。すると、実に多様なお困りごとが書かれています。ある数式の解き方について、具体的に言及したものもあれば、少数点のずらし方が難しいと書いた人もいたり、はたまた自分の人生に算数は必要なのかという哲学的な問いを示すものまで、ずらり。その人自身が、自分で考え出した「問い」を見るたびに、僕は感動を覚えます。

では、一人当たりの持ち時間を5分とします。5分の間は、1番目の子のお困りごとの解決に、残り3人は全力で協力してあげてください。よーい、スタートとすると、皆がわいわいと話し合いを始めます。テンポ良く4人分を終

えたところで、感想を聞くと「少数点のずらし方のコツを○○さんが教えてくれた」とか「人生において、なんで算数をやっておいたほうがいいのかを、こんこんと説教された」とか、結果報告があがってきました。たった5分で、こんなに具体的なアドバイスを得たのかと驚くものもたくさんあります。「ね、こうやって、困っていることを他の人に聞いてもらって、一緒に考えてもらうと、算数が苦手な人も、なんとか前に進めていけるかもしれないね」というメッセージを残して、僕は教室を去りました。

▼この事例から何を学べる

　この事例から学んだことは、リズムやテンポを整えれば、効果的に学び合うこと、助け合うことって、可能なんだな、ということです。今回は小学生が対象だったのですが、これを自治会長さんの会合や、ケアマネージャーさんなど福祉のプロの集まり、保育士さんや、ビジネスマンの会議でも同じことをやっています（持ち時間は通常10分ほどはとりますが）。すると、皆、「私のお困りごとはこれだ」と他人に言えた時点で、半分気が楽になっているのがよく見えます。そして、残りの時間で、周りの人が献身的に自分のお困りごとの解決を必死に考えてくれる姿を見て、具体的なアドバイスをもらうのと同じか、それ以上の何かを持ち帰ることが多いようです。仮に時間内にお困りごとが解決できなくても大きな問題ではありません。あの人がこんなことで困っているんだと、周りの人が知るだけでも、今後の解決の糸口となります。「あなたの困りごとは、世界の困りごと」という言葉どおり、自分が困っていることは、口に出して、協力を求める場が増えるとよいなと思います。

（青木将幸）

****

(参考)
青木将幸『深い学びを促進する　ファシリテーションを学校に』（ほんの森出版、2018年）

〈学校教育〉

上賀茂学区まちづくりビジョン作成プロジェクト
～学生たちがまちづくりの現場を「回せる」ようになるために～

▼概　要
　京都市北区（以下、「北区」）では、「北区基本計画－これから5年間のまちづくり－北区民つながるプログラム」（2015年）に基づき、学生たちが「学区まちづくりビジョン」の策定等にかかわることを通して、地域活動や自治会に関わる機会づくりを行っています。京都産業大学は2017年度、北区から大学と隣接する学区である上賀茂学区の「学区まちづくりビジョン」策定事業を受託し、現代社会学部1回生の学生と2名の教員、上賀茂自治連合会、北区役所とが協働してビジョンを策定することになりました。そのプロセスでは、できるだけ多様な地域住民の声を集めるためにワークショップを開催し、その結果を反映させながらビジョンを策定していくにあたり、学生たちがワークショップの場を運営していくために、ファシリテーションの技法を身につけ、話し合いの場に臨みました。

▼この事例で伝えたいこと
・学生が地域に関心を持ち、能動的にかかわるようになるための機会づくりや仕掛け
・学生と多様な立場、年齢の人たちとの接点や交流の機会を持つ中での学生・地域住民双方の新たな気づき
・まちづくりの現場におけるファシリテーションの有効性

▼詳細内容・プロセス
▽ビジョン完成までの流れ
　ビジョン策定までに学生たちがかかわったのは、まち歩き、学区住民の方との意見交換会、学区住民の方への意識調査（インタビュー）とその報告会、2回のワークショップ（ワークショップの事前打ち合わせを含む）、2回のニュースレター作成、そしてビジョン案の策定です。上賀茂学区まちづくりビジョン策定までの流れは以下のとおりです。

6月2日	上賀茂自治連合会、北区役所、京都産業大学教員の顔合わせ
6月23日	学区、区役所、大学教員・学生の意見交換会
7月14日	今後の進め方に関する意見交換（コア会議）
8月5日	上賀茂夏まつり（学生によるインタビュー実施）
8月28日	インタビュー結果報告会・意見交換会に向けたコア会議
9月15日	インタビュー結果報告会・意見交換会①
9月22日	インタビュー結果報告会・意見交換会②
9月26日	インタビュー結果報告会・意見交換会の結果についてのコア会議
11月上旬	ニュースレター第1号の全戸配布
11月6日	第1回ワークショップに向けたコア会議
11月9日	ファシリテーション研修
11月12日	第1回ワークショップ
12月18日	第2回ワークショップに向けたコア会議
12月下旬	ニュースレター第2号発行
1月21日	第2回ワークショップ
2月19日	ビジョン案作成に向けたコア会議
3月中旬	ビジョン完成

▽上賀茂学区のことを知る

　学区ビジョンの策定プロジェクトに手を挙げてくれた学生は10名あまりいました。まずは上賀茂学区のことを知るために、学生たちが自主的にまち歩きを行いました。ほとんどが上賀茂学区とは縁のない学生であったこともあり、彼らの第一印象は「おしゃれな北山通りと田園風景」といったものでした。

　その後、ビジョン策定の活動を紹介するニュースレターを作成し、11月初旬には、学区で全戸配布を行いました。学生たちが住宅地図を持ち、手分けをしてポスティングを行ったのですが、そこでは最初のまち歩きでは気づかなかった学区内の「多様な姿」を知ることになりました。つまり、ニュースレターのポスティングが「タウンウォッチング」の役割も果たしたのです。

▽上賀茂学区住民の意識を伝える

　まずは学区住民の地域に対する意識を知ろうと、8月に開催された学区の夏まつりで来場者にインタビューを行いました。主な質問項目として、町内会への参加理由、学区の良いところと改善点等を尋ね、60名あまりの方にインタビューをしました。

　結果を夏休み期間中に分析し、考察を加えたものを、9月に開催した報告会で紹介し、その内容がビジョン策定における方向性を示すことになりました。

▽ワークショップでファシリテーター役を担う

11月に開催した第1回のワークショップでは、学生自らがファシリテーターを担うことになり、事前にファシリテーター研修を受けることになりました。ビジョン策定の活動でお世話になっていた、京都市まちづくりアドバイザーの西原秀倫さんに講師を依頼し、「チェックイン→発散→収束→共有→チェックアウト」というワークショップの流れを理解したり、付せんと模造紙を用いて、意見を集約するといった手法を学びました。その後、ワークショップの本番では、テーブルファシリテーターとして、各テーブルでの話し合いの進行や意見の集約、まとめに挑みました。

また、1月に開催した第2回のワークショップでも学生たちがテーブルファシリテーターを担い、ビジョン案策定に向けた話し合いの取りまとめを行いました。

図1）上賀茂夏まつりで来場者にインタビューをする学生

図2）ワークショップの様子

▽ビジョン案を考える

1月のワークショップでの話し合いの結果をもとに、2月には、上賀茂自治連合会、北区役所、学生、教員のコアメンバーでビジョン案作成のための話し合いを行いました。これまでのインタビュー調査やワークショップ等で共有していた「10年後にも受け継ぎ、守っていきたい上賀茂の魅力」として自然と田園風景、地域の歴史と伝統文化、安心・安全な住環境の3つをピックアップし、そこから「自然を慈しむ心」、「伝え、学び、人を育む」、「ひともまちも明るい上賀茂」が調和する「上賀茂3重唱（テルツェット）」というキャッチフレーズを、たくさんのアイデアの中から採択しました。

図3）完成した『上賀茂学区まちづくりビジョン』

図4）ビジョン策定の活動を地域住民に紹介するためのニュースレター

▼この事例から何が学べるか

「他者の意見を聞く」、「他者と深く話し合う」、「他者の意見を引き出す」という経験を通じて、まちづくりには多様な地域のアクターの参加が必要であること、また実際のまちづくりの現場での合意形成には面白さも難しさもありますが、ファシリテーションは話し合いを円滑にし、合意形成を促す効果があることが学べたのではないかと考えます。

(滋野浩毅)

＊＊＊＊＊＊＊＊＊＊＊＊＊＊＊＊＊＊＊＊＊＊＊＊＊＊＊＊＊＊＊＊＊＊＊＊＊

(用いた手法)
　インタビュー（24頁）、KJ法（28頁）ブレインストーミング（26頁）
　ダイアログ

〈学校教育〉

大学生が考える京町家の活用
～企画を深める5つの手法～

▼概　要
　2017年に開設された京都産業大学現代社会学部は、「社会問題の本質を明らかにし、解決策を実践する次世代型リーダーの育成」を教育方針として掲げています。このような社会問題の解決には、対話を通じて創造的な相互作用を生み出すことが求められます。このスキルとしてファシリテーション技術が有効であり、その技術を身に付けるために様々な手法を用いて議論を重ねる「社会活動運営論」を開講しています。

▼この事例で伝えたいこと
・ファシリテーションが初めての学生も実践できる手法
・議論を進めるためには段階的に手法を用いることが有効
　（「個々の意見を全体に集約」⇒「社会的意義を考える」⇒「何時・何をするのか」）

▼詳細内容・プロセス
▽ねらいと全体の構成
　京都産業大学現代社会学部の2回生（約60人）の授業「社会活動運営論」において、大学が借り受けた京町家を活用して自分たちが社会活動を行う企画を立案します。京町家の管理は京都産業大学が行うと仮定し、「空間の活用」だけを考えます。

　京町家を使った社会活動を実施するために社会課題を解決する企画を考える3回（各90分）の授業を行いました。1回目が「ブレインストーミング」と「KJ法」の組み合わせ、様々な提案を出し合いグループメンバーの意見を集約します。2回目は、さらに議論を深めるために「ウィッシュポエム」でグループとして実行した企画を社会に求められる企画へと醸成した後、「ワールド・カフェ」で企画の具体化に向けて組織（スタッフ数、役割）や協働者などについて他グループの意見も踏まえて検討します。3回目は、その内容が適当であるかどうかについて「四面会議システム」でディベートを行い、より現実的な

企画となるよう検討を加えました。それぞれの手法が終わる度に、議論した内容を受講者全員で共有する時間を設定しています。

　授業の中で学生には、最初にそれぞれの手法を用いる意味と到達点を示す中で、各手法がどのような場面で有効であるかについて理解してもらう時間も設定しています。各授業の終わりに「議論に広がりや深まりを感じたか」を記載してもらうことで、学びへの意識を高めます。さらにそれぞれの記載内容も伝えることで、何人もが同じ考えであることを認識し合いました。

ステップ１：個々の企画を全体の企画へ（ブレインストーミングとKJ法）
　最初に自分の企画案をレポート（Ａ４用紙）にまとめます。京都産業大学が借り受けた仮想の京町家（知人の京町家）の外装、部屋の間取り（４室）、内装などを示し、次の内容を15分間でレポートにまとめます。
　①イベントの名称
　②目的（どのような社会課題を解決するか）
　③対象（参加人数、年齢層、性別、国籍、業種など）
　④内容（実施内容、日時、講師など）

　レポートを書き上げた段階で、４人から５人のグループをつくります。
　次にそれぞれが記載した「世界の要人が集う場づくり」、「京都文化を学ぶ教室」など企画案を出し合い、グループとして２つの企画案にまとめ、全員の前で発表します。この時点での重要なことは議論への参加度です。そこで、次の３点についての振り返りを行います。結果は肯定的な内容、時間不足、ポイントの不明など様々でした。

```
＜自分の意見が言えましたか＞
　・皆の意見は、一通り聞いてくれたので、とても話しやすかった。
　・足りない部分が言えた。こうした方が良いと思うことは基本言えた。
　・発言する人が偏ってしまった。
＜話し合いに、広がりや深まりを感じましたか＞
　・皆が好きなことをポンポン出せたので、様々な可能性を考えることができた。
　・自分にない発想を聞くと、面白くて「じゃあこうしよう」が次々生まれた。
　・深めるポイントが、いまいち分からなくて時間が終わってしまった。
＜グループとして納得のいく結論が出せましたか＞
　・まとまったが、実はもっとみんなと深く話してみたかった。時間が足りなかった。
　・皆が遠慮したり、目的が定まってなかったので、納得できる内容にまでいかなかった。
```

> ・組み合わせで納得。意見が似ていたので、まとめやすかった。

ステップ2：企画の社会的意義は、その組織は（ウィッシュポエムとワールド・カフェ）

　前回に検討した企画も踏まえて、ウィッシュポエムを用い、自分たちが考えた「社会活動」が新聞の一面に「産大生が、京町屋を拠点に社会活動を展開」と掲載されました。その活動は何かについて考えます。この行為は新たに社会的意義を踏まえた事業の練り直しにつながります。企画が決まった段階で、3ラウンド（各10分間）のワールド・カフェを行います。最初のラウンドで「新聞の一面を飾る社会活動」に相応しい企画に絞ります。第2ラウンドはブラッシュアップ「誰のため、目的は」がテーマです。第3ラウンドは「社会活動を実現するために必要な枠組み・組織は」で、実施のルールやスタッフの人数と役割、協働相手などを考えます。最後の振り返りでは、意見を交える面白みが高まる一方で、時間がないことに対する不満も多く出てきます。これは、議論に集中している裏返しとも考えられます。

> ＜自分の意見が言えましたか＞
> ・ファシリテーターが、順に話を振ってくれた。時間もある程度決まっていたので。
> ・前のグループの話をつなげられた。
> ・2つ目の班は、全体的にあまり発言がなく、意見が出しにくかった。
> ＜話し合いに、広がりや深まりを感じましたか＞
> ・いろんな人の意見を聞くことで、新しい発見ができて広がった。
> ・何でも恐れず発言するのは難しいが、すべきだと思った。
> ・意見はバラバラでも、つなげて面白いものになった。
> ＜グループとして納得のいく結論が出せましたか＞
> ・詰める時間が足りなかった、意見を出すので精一杯で。
> ・もう少し時間が欲しかった。共有して終わりの班があったので。
> ・面白味のある案が出せたと思う。

ステップ3：どの時点で何をするか（四面会議システム）

　4つのグループが1つのチームをつくり、企画者と反対者・支援者・判断者に分かれて「四面会議システム」方式で企画の実現性について検討を行いました。対面に座ったグループ間で企画の意義や実現性についてディベートを行い、企画のブラッシュアップが進みます。企画の時間軸として設定した1年目に行う事業、2年目の発展性、5年目の完成形などについても議論は進み、さらに

内容が深まります。最後に行った提案者か反論者のどちらの意見が現実的かの判断はシビアです。議論は真剣で、深まりを感じる内容となりました。

> ＜自分の意見が言えましたか＞
> ・攻撃された時に、反撃できた。
> ・チーム全体で積極的になれた。
> ・ズバズバ発言する人がいて、怖気づいてしまった。
> ＜話し合いに、広がりや深まりを感じましたか＞
> ・事前に話し合ってないことを聞かれて、答えるうちに広がっていった。
> ・反論されて気づくことも多かった。自分たちの案に穴があるのに気づいた。
> ・いろんな意見を聞くことで、アイデアがひらめき、それらを結合できた。
> ＜グループとして納得のいく結論が出せましたか＞
> ・みんなで意見を出して、まとまった。共感できた。
> ・ちゃんとした理由のもとで、意見が集約されたから。
> ・反論も受け入れつつ、良さも悪さも吸収すればよいと思ったから。

▼この事例から何が学べるか

　同じテーマを様々な手法を用いて段階的に議論することで、テーマに対する内容が深まる過程を学生だけなく、教員も実感することができました。この授業では、OSTやプログラム・デザイン・マンダラなどの手法も教えています。授業のまとめとして、最後に「自由な発想で、自分の企画を深める会議をデザイン」する時間を設定しており、各グループでは様々な手法を用いて、「コンビニの商品開発」や「大学生が高校生を教える授業」などの議論が行われました。各手法の学びが短時間であっても、15回かけてファシリテーションの授業を受けると、その後の会議の進め方は大きく異なることになります。　　　　（鈴木康久）

＊＊

（用いた手法）
　　ブレーンストーミング（26頁）、KJ法（28頁）、ワールド・カフェ（32頁）、四面会議システム（124頁）

〈学校教育〉

地域デザイン実践論
~学生が地域に入るための知識、スキル、心構えとしての
ファシリテーション~

▼概　要
　筆者が非常勤講師を務める京都文教大学で、2017年度から担当している授業が「地域デザイン実践論」です。この授業は、具体的な地域において、様々な立場、年代の人たちとコミュニケーションをとりながら、課題を解決していくために必要な知識やスキル、心構えを学ぶことを目的としています。ここでは、2017年度、2018年度に実施した授業内容をもとに、ファシリテーションを意識した学びから、学生たちがどのように変わったのかを中心に述べます。

▼この事例で伝えたいこと
・地域のことを知り、地域に主体的に関わるための方法論
・学生たちが地域で学ぶ意義とそのためのスキルやマインドの取得
・シチズンシップの涵養

▼詳細内容・プロセス
▽狙いと全体の構成
　筆者は、2015~2016年度の2年度間、京都文教大学の教員として、大学地域連携の授業科目を担当したり、事業を手掛けたりしてきました。2017年度から担当している「地域デザイン実践論」では、大学が掲げるポリシーである「地域連携」を意識し、学生たちが地域に入るに際して身につけるべき知識、スキル、そして心構えとしてのファシリテーションを伝えていくことにしました。
　授業の到達目標は、以下のとおりです。
①地域デザイン（＝地域に関わること、地域の未来をつくっていくこと）の基礎知識を身につけている（知識）。
②地域に関わる具体的な方法や技術（コミュニケーション、ワークショップ、ファシリテーション）を身につけている（スキル）。
③地域課題を「自分事」ととらえ、その解決のために何をすべきかを考えることができる（こころ）。

授業スケジュール（2018年度）

回	内容	目的、備考
1	授業に関するガイダンス自己紹介ワーク、地域課題について（「地域入門」の復習）4/12	地域課題、地域資源について意識できる
2	「書く」：地域資源、地域課題を"書き出す" 4/19	自分の住んでいる地域、出身地について深く考えられる
3	「書く」：書いたことを"整理"し、"まとめ"、"発表"する 4/26	考えたことを、書いて、まとめて、発表できる
4	「対話する」：インタビュー 5/10	他者への質問項目を作り、インタビューをすることができる
5	「対話する」：インタビュー内容を発表する 5/17	インタビュー内容をまとめ、発表することができる
6	「ファシリテーション」：会議やワークショップにおけるファシリテーターの役割とは？ 5/24	1つのテーマについて1人ひとりが意見を表明し、他者はそれを受け入れつつ、自己の意見と相対化することができる
7	「ファシリテーション」：ファシリテーターは何をすべきか、ファシリテーターの心得とは？ 5/31	ファシリテーターの役割を理解する
8	「ワークショップ」：話し合いがまちを変える 6/7	課題解決にあたっての合意形成、共通善について理解する
9	「ワークショップ」：技法を学ぶ 6/14	ワークショップの技法を理解する
10	短歌ワークショップ 6/21	歌人の高田ほのかさんをゲストに迎えて
11	「ワークショップ」：物事が決まっていくプロセスを体感する 6/28	実際にワークショップの場を運営することができる
12 13	「プレゼンテーション」：作品を作る 7/5 ※補講対応のため2コマ連続	共同作業を通じて1つの成果物を作り上げることができる
14	「プレゼンテーション」：作品発表 7/14	〃
15	授業全体の振り返り 7/21	レポート作成についてのガイダンスも行う

▽個人ワーク

　第1回〜第3回の授業で行いました。ここでは、半農半X研究所の塩見直紀さんが主宰する「綾部ローカルビジネスデザイン研究所」が発行している冊子『じぶん資源とまち資源の見つけ方』ならびに『AtoZが世界を変える！』から「じぶんの型×まちの型」「140字じぶん紹介×まち紹介」そして「じぶんAtoZ×まちAtoZ」という3つのワークに受講生たちに取り組んでもらいました。ここでは、受講生たちそれぞれに自分のこと、そして自分の出身地や居住地について深く考え、文字で表してみることに主眼を置きました。

図1） 個人ワークに用いた教材『AtoZが世界を変える！』と『じぶん資源とまち資源の見つけ方』（いずれも綾部ローカルビジネスデザイン研究所発行）

▽ペアワーク

　第4回、第5回の授業は、受講生が2人組（できるだけあまり話したことのない人と組む）になり、相手のことについて質問したい内容を考えたのち、10分程度のインタビューを行いました。1人目のインタビューが終わったら、今度はインタビュアー、インタビュイーを交代して同様のことを実施しました。終了後、それぞれがインタビュー内容をまとめ、「他己紹介」を作成しました。

▽グループワーク

　グループワークでは、ファシリテーターの心得、ワークショップの際の場づくり、手法、話し合いによるまちづくりの意義等について講義しながら、実際にKJ法等のワークショップを実施してみました。最初、筆者がファシリテーターを務め、実際の話し合いの進め方等について受講生たちに見てもらい、その後、代表して1人にファシリテーターを実際にしてもらいました。

▽短歌ワークショップ

　2017年度、2018年度とも、歌人の高田ほのかさんをゲスト講師として招き、「短歌ワークショップ」を実施しました。まず、短歌についての基礎知識を学んだり、秀歌を鑑賞した後、「付け合い」を行いました。「付け合い」とは、2人組になり、それぞれが作った上の句（五七五）と下の句（七七）を交換して一首詠むというものです。授業では「祭」をテーマに、ほとんどの学生が初体験という短歌づくりに取り組みました。授業中の「付け合い」でできた歌を一首紹介しましょう。

（上の句）かき氷はぜったいレモン
（下の句）さらさらと私の耳が心地よく聞く

図2) 短歌ワークショップの様子。講師を務めた歌人の高田ほのかさん（写真右から4人目）

▽プレゼンテーション

　授業の終盤では、以下のテーマでプレゼンテーションを行いました。

　自分（たち）が取り組んでいること、大好きなこと、知ってもらいたいことを『他者』に伝えるための表現を考え、実践してください。表現方法は自由です。踊り、歌、芝居、語り、作品…どんな方法でも構いません。複数の方法を組み合わせても構いません。
伝える相手は他者、すなわち「自分のことを知らない人」を想定してください。

　プレゼンテーションの方法は、パソコンでのプレゼンテーションが中心でしたが、動画や実際に取り組んでいることのデモンストレーション等、興味深いものもありました。

▼この事例から何が学べるか
　最終回の授業では、全体の振り返りを行いましたが、「話し合いは苦手だったけど、自分の意見を出せるようになった」、「みんなに話す機会があった」という意見が目立ちました。「他者と深く話し合う」という経験は、実際の地域での会議やワークショップにおいても、この授業で学んだスキルや心構えを活かすことができるかもしれません。

（滋野浩毅）

＊＊

（用いた手法）
　チェックイン（22頁）、アイスブレイク（23頁）、インタビュー（24頁）、KJ法（28頁）、ワールド・カフェ（32頁）
　「じぶんの型×まちの型」「140字じぶん紹介×まち紹介」「じぶんAtoZ×まちAtoZ」、他己紹介、短歌ワークショップ

第3章　ファシリテーションの実践　　121

〈学校教育〉

堂本印象旧邸宅の活用
～四面会議システムを用いた地域経営への事起こし～

▼概　要

　2006年6月から2012年3月まで、立命館大学は衣笠キャンパスに隣接する京都府立堂本印象美術館の指定管理者を担ってきました。その後、堂本印象先生が過ごした自宅兼アトリエを取得し、教育と地域連携の拠点として活用することになりました。2018年春、衣笠キャンパス正門近くにある、学校法人立命館が所有する堂本印象画伯の旧邸宅（旧堂本印象邸）の茶室と母屋のリニューアル工事が完了することを契機に、今後の活用の道筋をさぐるべく、全学の教養科目として、活用プランを考える授業を行いました。

▼この事例で伝えたいこと
・「あるもの」を活かすことの大切さ
・計画づくりはリサーチから始まる
・映像資料を分析しても企画のネタには引き上げにくい
・小さな失敗を大きな挫折にしない

▼詳細内容・プロセス
▽ねらいと全体の構成
　地域資源には外部から調達するも

図1）模造紙を囲んだ対面式ディベートの様子

のと、自ら創出できるものと2種類があります。古典的な「ひと・もの・かね」は前者、「情報」や「発想」や「人脈」が後者です。物がなくてもインターネットがあれば情報収集・発信ができ、金がなくても仲間がいれば知恵を絞ってアイデアを提案に昇華させ、人が足りなくてもそれまでの人間関係を通してネットワークを拡張することができるでしょう。そこで、今回の教育実践では、その存在や機能に気づいていない地域資源を活かし、地域の魅力を高めていくために、
　(1)同意獲得と合意形成の違いを知る（「で→が」の転換）
　(2)与えられた課題から問題を設定する（課題は解決できない）
　(3)価値の調整と価値の創出のための手法と態度を身につける（知識を活かし

て知恵にする）ことを目指しました。それにより、(1)「それでいいです」と学級会のように原案が承認されていくことを避け、(2)教員や地域が設定された課題の意図を探って「決してやりたいわけではないこと」が実行されることを封じ、(3)当初の原案にこだわらず少数意見の反映させながら「私たち」の案に仕上げていく、そうした経験を積むことができるようにしました。

▽第1モジュール：チェックイン（1回）
　AoH（アート・オブ・ホスティング）の核となる手法の1つ「アプリシエイティブ・インクワイアリー」を用いて、受講生どうしで自らの関心を整理しました。そして、授業期間内に、今後の活用に向けての先行事例となるよう、受講生が立案した企画を堂本邸で実施することを確認しました。また、次回の授業の内容を説明したところ、自薦により話題提供者が3名選出されました。

▽第2モジュール：クリティカルシンキングに慣れる（4回）
　地域資源の活用の方策についての理解を深めるため、NHK地域アーカイブスに収められている映像素材から「生活」、「経済」、「文化」、「若者」をテーマに解題することにしました。「生活」と「経済」については1回あたり3名の受講生が1本ずつ、特徴的なシーンと印象的な言葉を紹介することにしました。その後、ワールド・カフェ方式で3つのグループに分かれて議論しました。「文化」と「若者」については担当教員（筆者）が2本ないし1本選び、車座になってのディスカッションを行いました。

▽第3モジュール：フィールドワークのツボを知る（2回）
　文献「調査地被害」（宮本常一・初出は1972年）と、NHKのETV特集「フィールドへ！　異文化の知を拓く」（2008年）を題材に、担当教員によってフィールドワークの特徴と注意点を解説しました。その後、学生たちを3つのグループに分け、堂本印象先生および堂本邸に関わるフィールドワークを行いました。3つのグループは今後の利用者を想定して「地域住民」と「学生」と「その他」に分けました。地域住民と学生については、立命館大学衣笠キャンパス地域連携課からヒアリングを行いました。また、「その他」のグループを作ったことで、新たに「堂本印象美術館来館者」という対象者が浮上し、美術館の受付にヒアリングをしにいくという展開が生まれました。

▽第4モジュール：四面会議システムに慣れる（3回）

　テキストに指定した『地方創生から地域経営へ』（仕事と暮らしの研究所、2015年）の著者の寺谷篤志さんをゲストスピーカーに、共著者の平塚伸治さんをオブザーバーに迎えて、合意形成の手法の1つ「四面会議システム」の解説と演習を行いました。鳥取県智頭町の那岐郵便局長を務めてこられた寺谷さんは、閉鎖的・保守的・依存的な村落共同体からの転換をもたらすため、智頭町役場の有志の職員らと勉強会を行いました。その結果、10年を単位とする集落（その後は旧小学校区を単位とした地区）振興計画の立案と実行という「日本1／0村おこし運動」（通称：ゼロイチ）が生まれました。あわせて構築されたのが「四面会議システム」でした。

> 四面会議システム…SWOT分析、ブレーンストーミング、そして対面式ディベートから成り立つ、総合的な議論の手法。最大の特徴は、時間軸に沿った計画づくりのために、4つの観点（ヒト、モノ、広報、総合管理）に基づいて編成されるチームにより対面式ディベートが行われる点。ヒトとモノ、広報と総合管理が向かい合う。通常のディベートでは互いに反駁するだけに留まるものの、模造紙に意見を書き出しながら議論し、議論が集束した際に着座位置を変えて補完的な議論が展開される。

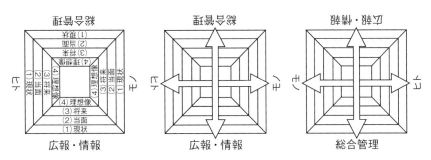

図2）四面会議システムでの議論の展開

▽第5モジュール：地域資源の活かし方を探る（3回）

　「共感」と「ネットワーキング」と「チームワーク」をキーワードに3回の授業を展開しました。順に、企画内容に関する主体・対象・仲間の明確化、計

画の精緻化、次週の本番に向けたリハーサルを行っていきました。10回目の授業を終えて、古民家での世代間交流というテーマが定まり、バージョン1の企画書が仕上がったため、その内容を叩いていくことになりました。寺谷さんらには引き続きオブザーバーとして授業展開を見守っていただき、適宜助言もいただきました。

▽第6モジュール：生活者の目線で仕事と暮らしを見つめる（2回）
　14回目授業にて「旧堂本印象邸オープンハウス『印象、どうもっと』」が開催されました。学童保育に取り組むサークルの協力も得て、近隣の幼稚園児ら約30名が訪れ、宝探し、鬼ごっこ、折り紙、お絵かきなどで賑わいがもたらされました。翌週、一連のプロセスを記録写真で振り返りながら記述し、チームごとの自己評価とチーム間のピアレビューを行いました。参加者らは厳しい目で省察が重ねられました。

▼この事例から何が学べるか
　授業内での実践においては、授業以外にも準備のために時間を割く必要があるものの、過度な自主性・自発性への期待が逆に作用する場合があります。その結果、手法の習得も、社会問題への接近も、いずれも中途半端に留まる可能性があります。ファシリテーターとなる教員が多様な手法を織り交ぜた時、参加者が手法の理解・習得に関心が向かず、目先の議論に関心が向いてしまうためです。特に映像資料では「わかった気になる」傾向が強いため、例えば「まわしよみ新聞」（陸奥賢）など、目と手と口を動かして、社会問題への接近を図ることも効果的でしょう。

（山口洋典）

＊＊＊＊＊＊＊＊＊＊＊＊＊＊＊＊＊＊＊＊＊＊＊＊＊＊＊＊＊＊＊＊＊＊＊＊

（用いた手法）
　チェックイン（22頁）、四面会議システム（124頁）。四面会議システムについては『地方創生から地域経営へ』（仕事と暮らしの研究所、2015年）の他、建設コンサルタンツ協会が無償で公開している「地域経営アドバイザー養成セミナー」の記録集に納められた解説（http://mx.jcca.or.jp/achievement/riim_report/vol_06/002report6.pdf）が参考になります。

〈学校教育〉

特定非営利活動法人 GNC Japan の「エコ教室」
~モンゴルの子どもたちの想いを集約~

▼概　要

　特定非営利活動法人 GNC Japan（Global Network for Coexistence）は、1995年に設立され、モンゴル国において主に森林再生活動と環境教育活動を行っている NGO です。GNC Japan は、子どもたちを相手に2001年以降毎年夏にモンゴル国で「エコ教室」を実施しています。

　「エコ教室」は、教室内でのワークショップと野外での植林実習から構成されています。そこは、子どもたち（幼稚園の園児、小学校中学校高校の生徒）、若者たち（大学生）、教員、NPO が一緒になって作り上げる学びの場です。

▼この事例で伝えたいこと
・初対面の子どもたち、若者たちとどのように楽しく開かれた対話をするか
・3時間程度の短時間のワークショップをどのようにデザインするか
・年齢層の違いによってどのように進め方を変えるか
・未来志向の話し合いをどのように設計するか

▼詳細内容・プロセス

　NGO の活動現場は、常に国籍、文化の違いに直面する出会いの場です。言葉の壁もあり、共通の了解事項が少ない中で、子どもたち、若者たちに「環境の大切さ」を伝え、彼らと「未来のビジョン」について語り合うためには、楽しく開かれた場を作ることが何より大切です。場づくりをしないままに意見を聴いても、日本からの突然の来訪者に対して誰も本音で話すことはないでしょう。また、一方向的な講義をしても活発な議論は引き出せません。NGO の場づくりは、「出会う」、「考える」、「表現する」の3つの側面から取り組むことが重要です。

　▽〈出会う〉初対面同士で打ち解ける、場のムードを盛り上げる

　子どもたち、若者たちの緊張を解くために最初のアイスブレイクが欠かせません。例えば最初のスタッフ自己紹介の際、日本名に加え、モンゴル人の友人

につけてもらったモンゴル名を由来とともに紹介し、参加者には日本語名を名前の意味にあわせて考えてあげると笑顔がひろがります。あるいは、チェックインを実施することも有効です。「今、感じていること、気になっていること」をインタビュー形式で聞き、とにかく口を開いてもらうことで緊張がほぐれます。

▽〈考える〉当事者意識を持つ、自分のこととして考え発言しはじめる

　環境教育の現場では、子どもたち、若者たちに当事者意識を持ってもらうことがとても大切です。ところが、黒板やパワーポイントを使ってどんなにわかりやすく説明しても、どこか他人事で、自分たちの問題として考えられないことがほとんどです。そのような時、「モア・レス（増やすもの、減らすものを考える）」は有効です。

　子どもたちに自分たちが住んでいる町、国の将来像を考えてもらう際に、「自分たちの町や国はどうなっていくべきか」と問いかけても、なかなかイメージできません。そういう時に、「今後何を増やしたいか」あるいは、「何を減らしたいか」と問いかけると、意見が出やすくなります。当事者目線で行動計画を考える出発点として、小さな子どもにも大変有効です。さらに、高校生以上ならば、「As is To be（現状とありたい姿を書きだす）」という手法を使うのも有効です。As is（現状）と To be（ありたい姿）を書き出すことで両者のギャップが明確になり、問題を共有できます。そのギャップの原因について意見交換すれば問題解決プロセスのスタートとなります。また、「２分割リフレーミング法」を使って、日本の良さと弱み、モンゴル国の良さと弱みの双方を「見える化」することも、先進国途上国という先入観にとらわれ未来志向の議論が進まなくなりがちなNGOの現場では役立ちます。

　これらの手法は時間もかかりませんし、模造紙、ポストイット、ペン等を用意するだけでできることが大きなメリットです。なお人数が多い場合や複数の学校の生徒が集まる場合は、上記の手法に「ワールド・カフェ」を組み合わせると、無理なく知らない者同士が交流でき、議論が活発化します。

　例えば、モンゴル国立大学エコロジー教育センターでエコ教室を開催した時には、ウランバートル市内の５つの学校から約60人（12歳〜16歳）の生徒たちが参加しました。ファシリテーターを務めたのはGNC Japanの日本人スタッフ２人とモンゴル人スタッフ１人でした。

図1) モンゴル国立大学エコロジー教育センターでのエコ教室（2014年9月8日）

まず、1テーブルに約6人ずつ囲むように座ってもらい10の島を作りました。そして、例えば「自分たちの住んでいる地域をどのように変えていきたいか」というような具体的なテーマについて2人1組で5分間自由に話し合い、ポストイットに意見を書き、模造紙に貼り付けます。その上で各テーブルの代表者が発表し、全体意見交換を行いました。結果、驚くほど活発な意見交換がなされ、終了後のアンケートには、「楽しかった」、「時間がたつのを忘れた」、「またやりたい」という声があふれました。

▽〈表現する〉一緒に作り上げ発表する

　幼稚園の園児や小学校低学年の生徒等、対象者の年齢が低い場合、こちらのメッセージを伝えるのに紙芝居、絵本の読み聞かせや、「演劇ワークショップ」が有効です。

図2) モンゴル国セレンゲ県スフバートル市第7幼稚園での園児たちの演劇（2013年9月9日）

　GNC Japanでは、植林の大切さを伝える「アカマツの赤ちゃんの夢」という絵本を作成し、モンゴル語版は日本語が堪能で、実際に小さな子どもを育てているモンゴル人と相談しながら翻訳作成しました。この絵本を先生、園児全員に配布し、それをもとに踊りや劇を作ってもらい発表する場を設けました。先生と子どもたちが一緒に「絵本をもとに踊りや劇を作り上げみんなの前で演じる」ことで「環境の大切さ」が理屈抜きに伝わります。この場合、園児の発表を応援している園児の両親、祖父母など親戚一同にまで「環境の大切さ」を伝えることができるので、非常に有効な手段といえます。

図3）絵本『アカマツの赤ちゃんの夢』のモンゴル語版

▼この事例から何が学べるか

　初対面の子どもたち、若者たちと未来志向の対話ができ、楽しく開かれた場をつくることが、NGOの環境教育の現場では何より大切です。知識を伝えることよりも、一番大切な何かを感じ取ってお互いが共有することが、未来の協働につながります。

（宮木一平）

****

（用いた手法）
　アイスブレイク（23頁）、チェックイン（22頁）、モア・レス（127頁）、As is To be（127頁）、ワールド・カフェ（32頁）、演劇ワークショップ（68頁）
　2分割リフレーミング法

〈学校教育〉

NGO・NPO論
～大学の大規模授業におけるアクティブ・ラーニング実践～

▼概　要
　同志社大学政策学部 NGO・NPO 論は、毎年250名～300名程度の学生が受講する大規模授業ですが、アクティブ・ラーニング形式の授業にチャレンジし、ワークショップやファシリテーションの要素を授業に取り入れています。

▼この事例で伝えたいこと
　大学の大規模授業において、受講生相互の学び合いや主体的参加を引き出すアクティブ・ラーニングをどう実践するか

▼詳細内容・プロセス
▽授業全体の概要
　世界や日本の市民セクターはどのような役割を果たし、その担い手であるNGO・NPO にはどのような種類や特徴があるのか、その運営や働き方も含めてわかりやすく紹介する授業です。
　福祉や社会教育、地域づくり、国際協力や環境といった様々な分野での市民公益活動を紹介するとともに、NPO リーダーや社会起業家をゲストに招いています。

▽アクティブ・ラーニングを行う上での工夫
1 ）ワールドカフェ形式によるレポート内容のシェア
　この授業では課題図書レポート（ 2 回）と期末レポートを設定しています。この 3 つのレポートごとに、受講生全員で小グループにより内容をシェアする授業を実施しています。
①　くじ引きによる席決めとグループづくり
　授業開始時に受講生全員に教室入り口でくじを引いてもらいます。くじには席番号が記入されており、受講生は指定された場所に座ってもらいます。教室の座席には、前もって席番号がわかる札を置いておきます（ 1 グループ 3 ～ 5名になるように、受講人数に合わせてくじ引きを作成します）。

②　ワールド・カフェの説明と準備

ワールド・カフェの方法について受講生に説明します。そしてＡ４用紙を配布し、４つ折りにして「氏名・学年・ゼミ」、「課題図書名」、「課題図書の内容」、「課題図書からの学び」の４つの項目を大きな字で書くように指示します。

通常のワールド・カフェでは、各テーブルに模造紙とペンを用意しますが、大人数授業であることと、固定式の一般教室であり模造紙の設置が難しいことから、模造紙とペンは使用しない形式で行います。

③　ワールド・カフェによるレポート内容シェア

各グループで、レポート内容について説明をしてもらいます。１ラウンドは10〜20分の

図１）ワールドカフェによるレポート内容シェア

間で事前に設定し、残り時間をリアルタイムでスクリーンに表示しておきます。指定された時間内で、全員のレポート紹介が終わるよう、各グループで時間管理をお願いし、時間が余った場合は互いに質問しあうように指示しておきます。

授業全体の時間に合わせて、メンバー交代しながら何ラウンドかグループワークを行います。

④　全体まとめと感想文記入

全てのラウンド終了後に、最初にグループに戻り、ワールド・カフェでのレポートシェアの感想共有を行います。その内容を、各人感想文用紙に記入し、提出してもらいます。

【グループワークの効果】

通常の授業では友人どうしで授業を受ける学生も多く、また教室の前方に真面目に授業を受ける学生が固まり、後方に私語や居眠りをする学生が目立つというアンバランスが生じがちです。くじを引いてもらい、学生たちの座る席を割り当てることにより、普段の人間関係を超えた新たな出会いを学生たちの間につくりだすことができ、また学生のコミュニケーション能力の成長を促すことができます。

また２年生からは、「３年生以上の学生と語り合うことにより、同学年どう

しの感想交流では見えてこなかった多角的な視野が学べ、有益だった」との感想が多く寄せられました。

2）ゲスト授業におけるグループワークと質疑応答セッション
　ゲストスピーカーを呼んだ授業の際も、学生の相互作用及び能動的な授業参加を促すため、以下の工夫を行いました。
① 質問用紙の事前配布
　100名を超えるような大人数講義では、ゲストに対し手を挙げて質問するのはかなり勇気のいる行為です。そこで授業開始時に受講生全員に「質問票」を配布し、ゲスト講演中に質問項目を書いてもらって、回収する仕組みにしました。そのことにより、約250名いる受講生の中から、毎回30通を超える質問が寄せられるようになりました。
② ゲスト講演の時間設定
　90分の授業時間の中で、ゲスト講演時間は40分前後でコンパクトにお願いしています。講演終了後のグループワークや質疑応答セッションに時間を割くためですが、それにより受講生は集中してゲスト講演を聴くことができ、受講生の能動性や学習への主体性を引き出すことに役立ちます。
③ グラフィック・ファシリテーション
　講演内容の要点をリアルタイムで可視化するグラフィック・レコーディングを行います。これにより、受講生のゲスト講演に対する集中度を高める効果があるほか、翌週の授業でそのレコーディング画像を印刷して配布し、授業の復習や休んだ受講生への理解促進に役立てています。
④ 小グループでの感想シェアと質問用紙受付
　講演後、10分程度のグループ感想シェアの時間を設けます。受講生たちには、座っている席の隣や前後で3～4名のグループをつくってもらい、ゲスト講演の感想を自由にシェアしてもらいます。いっぽうその間に、質問票を書いた受講生に手を挙げてもらい、スタッフが回収を行います。質問票の中から、その次の質疑応答セッションで答えるべき質問内容をゲストと一緒にす

図2）ゲスト授業のグラフィック・レコード

ばやく選定します。
⑤　質疑応答セッション

なるべく多くの受講生の質問に答えるため、質疑応答セッションは20分以上の時間を確保します。グループ感想シェアの間に、事前に優先して答えたい質問をより分け、また質問群をカテゴリー分けしておきます。受講生からの質問は、学生の氏名や学籍番号は見えないようにした上で、OHC（資料提示）を使ってスクリーンに大きく映し出すようにします。教員サイドで質問を読み上げ、ゲスト講師にどんどん答えてもらいます。

図3）ゲスト授業の質疑応答セッション

⑥　感想文記入

受講生全員にゲスト講演の感想を書いて提出してもらい、その中で特に良いものはプリントにして次回授業で配布し、受講生どうしの学び合いを促進しています。またその内容及び、場合によっては感想文をスキャンしたデータを、個人情報に配慮しつつゲスト講師にフィードバックすることにより、受講生の感想をゲストに伝え、今後のゲストの実践に役立つ情報を提供できるよう心がけています。

▼この事例から何が学べるか

300名近い大規模授業であっても、様々な工夫によってアクティブ・ラーニングの要素を取り入れることは可能です。レクチャーやゲスト講演のあとに、隣や前後に座っている受講生同志で感想を共有してもらうというのはもっともシンプルな方法ですが、さらにワールド・カフェ形式などによりレポート内容をしっかりシェアしてもらう時間を設けることで、大規模授業ならではの学年を超えた学生どうしの出会いや相互の学び合いが可能になりました。

（佐野淳也）

****

（用いた手法）
　ワールド・カフェ（32頁）、グラフィック・ファシリテーション（50頁）

〈学校教育〉

PBL（課題解決型授業）で「スマイルプロジェクト」
～チームでプロジェクトを前に進める3つのツール～

▼概　要
　PBLとは「課題解決型授業」ともいわれ、課題を解決するためにプロジェクトを立ち上げ、企画・実行を通じて課題解決の力を養っていくための教育プログラムです。京都産業大学の1年次生向け科目『O/OCF-PBL1』では、大学生が初めてチームでPBLに取り組む場合でも、手順や方法、スキルが自然に身につくようプログラムされています。

▼この事例で伝えたいこと
・会議で決まったことをメンバーと共有するとともに、各自の役割分担や次回までの行動が明確になる議事録のつくり方
・プロジェクトの目的や進め方をメンバーが共有できる企画書の書き方
・プロジェクトの進捗状況が明確になるガントチャートの活用方法

▼詳細内容・プロセス
▽クラスとプロジェクトの概要
　『O/OCF-PBL1』は京都産業大学で開講している共通教育科目で、1年次生を対象としています。1クラスは約20名で構成され、全15講義のうち、前半はコミュニケーションスキルや、グループワークを通じた協働の基本を学びます。そして後半の5講義で、教員から提供された課題の解決に1チーム約5名のメンバーで取り組みます。
　筆者が毎年提示している課題は、"見知らぬ誰かを笑顔にしてきてください。そのプロセスを5分間の映像作品にしてください"というもので、通称「スマイルプロジェクト」です。受講生は、約1か月の間に企画書の作成、学外での企画実施と撮影、編集作業、発表準備、発表を行います。

▽事前の準備
　3つのコミュニケーションスキルの修得を通じて、プロジェクトで必要となる構えを身につけます。
①プラスのストローク（ほめる、はげます、ほほえむなど他者にエネルギーを

与えるような温かいかかわり）
②アクティブ・リスニング（相手の話を積極的に受け止めるような聴き方。傾聴）
③アサーション（自分も相手も尊重するような自己表現の方法）

▽プロジェクトの流れを理解する

　まず、自分たちだけでプロジェクトを起こしたことがない人が多いため、プロジェクトの進め方について解説し、その流れを把握してもらいます。

　いきなり企画を考え始めるのではなく、まずは以下に示す流れ全体を把握します。また、プロジェクトが終わったあともさらに改善して次の経験に活かせるよう、PDCAサイクル（P：計画、D：実行、C：検証、A：改善）を意識しながら進めます。

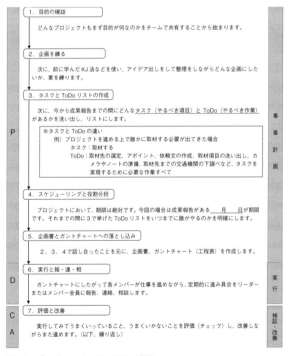

図1）プロジェクトの取り組み手順

▽プロジェクトを進めるツールを活用する

　プロジェクトは、大きく分けてチームで話し合い、企画を練り、スケジュー

ルに沿って実行していくという3つの要素から成り立っています。そこで、メンバーで情報を共有しながら見通しよく進めていくために、それぞれの場面に使える3つのツールがあります。
1）議事録
　話し合いをしたら議事録を取る人は多いと思います。しかし、議事録を「取る」こと自体が目的となってはいないでしょうか。プロジェクトにおける議事録は、過去の発言の記録のためではなく、未来に行動を起こすために存在します。誰が何を言ったかよりも、話し合ったことで、「誰が」、「いつまでに」、「何をするのか」、これからすべき行動を明確にするためにあります。議事録を取る人や司会者は、この部分を意識しながら話し合いを進めるようにすることが大切です。パソコンで議事録を作成しながら会議を進め、終了と同時に議事録が出来上がっていて、会議の最後にメンバーで今後の行動を確認してから終われると理想的です。

図2）ミーティング議事録の様式

　議事録の様式はいろいろありますが、上に挙げた様式は、「次回までのタスク」として「誰が」、「いつまでに」、「何をするのか」ということを書く欄を設けてあるところがポイントです。
2）企画書
　企画書には様々な様式があり、どれが正解というものではありませんが、スマイルプロジェクトでは、企画の目的や概要をメンバー間で共有するために以下のような5W3Hを基本に項目を埋めていきます。
　①企画概要（100字程度の文章で簡潔に企画内容を説明）〈What〉
　②企画の背景（なぜこの企画にしようと考えたか）〈Why〉
　③企画の具体的内容
　　　・ターゲットとその理由（誰を笑顔にしたいか、それはなぜか）〈Whom, Why〉
　　　・実施日程〈When〉　　・実施場所〈Where〉　　・実施内容〈How〉
　④この企画を行うために必要な準備事項〈Who, When, How many〉
　⑤必要経費〈How much〉
　⑥実行までのおおよそのスケジュール〈Who, When〉

3）ガントチャート

　ガントチャートとは工程表とも呼ばれ、プロジェクトの完成に向けて、誰が、いつ、何を実行するのかを一覧することのできる表です。

　このガントチャートを模造紙などで作った場合は壁に貼ってメンバー全員が見ることができるといいのですが、授業ではそのような場所がないため、写真を撮って共有したり、ガントチャート用のアプリを使ってデジタルで管理します。計画に変更が生じた場合は、修正を加えますが、大事なことはガントチャートに書かれている進捗状況がメンバーの誰もに共有されていることです。

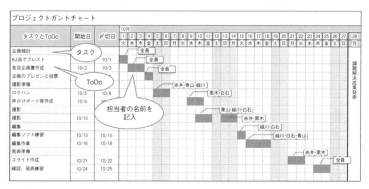

図3）ガントチャート

▼まとめ　〜ツールの活用を越えた大事なこと〜

　初めてチームでプロジェクトに取り組み、何から手を付けていいのかわからない時、企画書や話し合いの議事録、進捗管理をするためのガントチャートなどのひな形をうまく使うことによって、ぼんやりしたアイデアや時間感覚に形が与えられることがあります。授業ではこれらのツールの使い方を体験してもらいますが、これさえあればうまくいくものではありません。やはり、チームが成立するための３つの要素（共通の目的を持つ、チームへの貢献意欲を持つ、活発なコミュニケーションを図る）をよく理解し、実践してみることが大切な前提となります。

（木原麻子）

＊＊＊

（用いた手法）
　アイスブレイク（23頁）、プラスのストローク（134頁）、アクティブ・リスニング（135頁）、アサーション（135頁）、KJ法（28頁）

〈学校教育〉

Zoom オンライン・ファシリテーターの育成
～リアルとオンラインをつなぐ未来のコミュニケーション～

▼概　要

　オンライン・ファシリテーション（以下、OFと略）とは、Web会議などのオンラインの世界で話し合いを促進し、相互理解を深めるための技法です。京都工芸繊維大学「リーダーシップ基礎」では、2017年後期に学生自身が学びたい授業をチームで作り、それを実践する発表会をオンラインで公開しました。授業では、学生をオンライン・ファシリテーター（以下、OFerと略）として、リアルの世界で必要なファシリテーションの技法と、オンライン・コミュニケーションの運営技法の習得を目標にしています。

▼この事例で伝えたいこと
・距離の離れた人や会うことが難しい人同士が対話する技法
・大学の授業に、ゲストや見学者がオンラインから参加する方法
・オンラインとリアルをつなぐ未来社会の姿

▼詳細内容・プロセス

　大学の授業にオンライン参加者が加わると、内容が非常に豊かになり、可能性が広がります。そこに不可欠なのがOFerです。OFerは、オンライン参加者同士のコミュニティーを作りつつ、リアルとの接点を作り出し、リアルだけでとどまっていた学びの空間をよりオープンにすることができます。

〈Zoomの特徴〉
　Web会議ツール「Zoom」は、2016年1月に大幅バージョンアップし、オンライン・コミュニケーションのこれまでの常識を完全に塗り替え、OFは新しい段階に入りました。Zoomは、SkypeやLineなどの先行ツールに比べて、最大100名同時接続、録画可能、デスクトップの画面共有、簡単接続など非常に使いやすく、かつ多機能です。しかも、個人が購入可能な価格帯のWeb会議室で、グループワークができる機能（ブレイクアウトセッション）が初めて実装され、100名までのオンライン・コミュニケーションが可能となりました。近年は、オンラインとリアルを結ぶハイブリッドオンラインやリアルの参加者がすべてオンラインに入るリアルオンライン、スマートフォン2台だけでハイブリッドオンラインを可能にするシンプルハイブリッドという手法も開発されています。

1）授業前の準備
(通信環境の確認)
　授業前は、OFer がオンライン参加者の授業への関わりを促す重要な役割を担っています（当日の OFer はスペイン在住の日本語教師でした）。定刻よりも早めに入って、教員との打ち合わせを行い、最終的なスケジュールや変更点を確認します。定刻頃にオンライン参加者は次々入って来ますが、OFer は 1 人ひとりと音声や動画、デバイス毎の技術的な点検を行います。
(場のデザイン)
　画面上ではオンライン参加者は隣り合わせに見えていますが、実際は別々の場所からアクセスしているので、互いに孤立しています。OFer は、その孤立感を解消し、和やかな雰囲気を持ったオンラインの場を創ります。
(チェックイン)
　写真が大阪、徳島、スイス、スペインから入ったオンライン参加者ですが、互いに初対面の方が多かったので、OFer は、自己紹介を促しながらオンライン・コミュニティーを作り上げていました。

2）授業開始
(傾聴)
　授業の最初は、教員が学生に向けてレクチャーを行い、その後、学生のグループ発表です。オンライン参加者は聞くことに集中します。
(リアルとオンラインとの音声・カメラチェック)
　その際、声が聞こえにくいとか、カメラワークが悪いことが大きなストレス

になるので、OFer は、必要があれば教員とチャットや音声でやりとりして修正します
(オンライン・グループワーク)

　良好な通信環境が整えられた中で、学生チームの発表が行われました。学生の話を傾聴しながら、オンライン参加者だけでのやりとりが行われます。そこでは参加者同士の共通理解を深めると共に、発表に対するコメントを準備します。

3) リアルとオンラインの双方向の対話
(ハイブリッドオンライン)

　発表終了後には、他の学生やオンライン参加者がコメントします。Zoom によって可能になった双方向の対話は、OFer の腕の見せ所です。
(リアルとオンラインの双方向の対話)

　学生とオンライン参加者との双方向の対話は、リアル側とオンライン側が交互に登場して、コメントすることによって、参加者は初めて双方のつながりを感じることができます。

4) リアルとオンラインがつながると何が起こるのか
(リフレーミング)

　発表する学生は、当初、学生向けに話していますが、オンラインからのコメントが来る中で、学生の視野がオンライン参加者にも広がっていきます。学生がオンライン参加者を意識し出すと、相手に伝わる話し方に変わってきます。オンライン参加者もまるで授業に参加しているような一体感を感じます。

▽ OFer の役割

　OFer の役割は、Zoom 参加者同士が安心で安全な場と感じ、真摯な話し合いができるように促すことです。リアルの世界のファシリテーターがオンラインの世界でも求められてきました(安心安全な場の形成)。ただし、リアルのファシリテーターと大きく異なるのは、Zoom やネットワーク技術に関する知識やオンライン・コミュニケーションの運営に対する経験が必須であることです。参加者の声が聞こえないとか、パソコンとスマホの使い方が異なることに対応する必要があります。このようにオンライン・ファシリテーターは、ファ

シリテーションだけでなく、技術的な知識を持って、リアルとオンライン双方向を行き来できる存在です。

▽オンライン・ファシリテーターの育成
　ファシリテーションと技術サポート双方を備えたOFerを育成するニーズは高まり、『Zoom革命』（http://zoom-japan.net/service/online/）などでも育成講座を実施していますが、まだ不足しています。OFerにとって一番大切なことは、参加者の状態をしっかり把握すると共に、全体を鳥瞰することです。そして、参加者がなんらかの課題を抱えているとすれば、それへの対応を行います。優秀な人材を育成するためには、オンライン講座の運営コースを受講すると共に、実際のZoomセミナーに参加することです。それによって、優秀なOFerの運営を見たり、運営ボランティアとして実際に運営を体験できます。このようにOFerの育成を行うためには、現場の体験と共に、オンライン・コミュニケーションの運営技法を学ぶことが必要です。

▼この事例から何を学べるか
　ファシリテーションは、リアルの場からオンラインへと広がっています。OFerの役割は、リアルとオンラインをつなぐ存在として一層重要となりますので、この経験は未来のコミュニケーションを先取りしています。

（筒井洋一）

＊＊

（用いた手法）
　　チェックイン（22頁）
　　場のデザイン、傾聴、リフレーミング、安心安全な場の形成
・オンライン・ファシリテーション
通信環境の確認、オンライン・グループワーク、ハイブリッドオンライン、ブレイクアウトセッション、リアルとオンラインとの音声・カメラチェック、リアルとオンラインとの双方向の対話
（参考文献）
・田原真人『Zoomオンライン革命』（秀和システム、2017年）
・筒井洋一「ハイブリッドワークショップの創造と展開」『デザイン学研究特集号』Vol.25-1, No.97

〈研修・人材育成〉

「学生ファシリテータ」の育成
～学生がファシリテーションを学び、授業運営に参画する～

▼概　要

　京都産業大学のファシリテーション工房（「F工房」）では、授業等の教育プログラムにファシリテーターとして参画する「学生ファシリテータ」（以下、学ファシ）の募集・育成・派遣を行っています。F工房は、大学内でのファシリテーションの普及を目的として2009年に設立されました。学ファシは、学生の自発的なファシリテーション活動がきっかけで誕生し、その規模や活動現場を広げてきました。現在では、例年50名程度の学ファシを募集・育成し、1年次生のうち約1,800人が受講するキャリア形成支援教育科目や、学部が開催する新入生向けのオリエンテーション・プログラム等に派遣しています（2018年現在）。※学ファシは、単位の付与や給与の発生しないボランティア活動です。

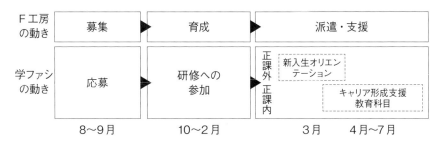

図1）学ファシ募集、育成、派遣・支援の流れ

▼この事例で伝えたいこと
・授業等に学ファシとして参画する学生を育成するためのプロセス
・場を俯瞰して捉える力を鍛えるための方法
・授業等に学ファシとして参画する学生にとって学びのある活動を設計するための工夫

▼詳細内容・プロセス
▽全体の流れ
　学ファシ育成では、「受講生にとって身近な一人の先輩」、「受講生同士の仲介役・教員との橋渡し役」、「グループワークの支援者」になることを目指します。具体的な育成方法は試行錯誤を重ねていますが、以下の点を大切にしています。

図２）グループに声をかける学ファシ

①学ファシの「思い」を引き出し、主体性を尊重すること。
②授業に参画する際のファシリテーションの基礎を学ぶ機会を設けること。
③ファシリテーションの実践経験を通じて、成長できる環境を整えること。
④これらを通じて、学ファシにとって学びのある活動にすること。

▽募　集
　多様な学生の持ち味を活かすため、選考はしていません。応募書類の提出は求めますが、目的は能力を測ることではなく、動機の言語化を促すことです。

▽学ファシ同士の関係性を築き、「思い」を引き出す
　まずは、学ファシ同士の顔合わせを行います。１泊２日の合宿で寝食を共にし、困った時に頼り合える関係性をつくります。また、「学ファシの先輩にあこがれた」、「新しいことにチャレンジしたかった」といった学ファシへの応募動機を学ファシ同士で共有することで、活動への意欲向上を促します。

▽基礎的なファシリテーションスキルを学ぶ
　学ファシには事前研修を通じて以下の４つのスキルを身につけてもらいます。
１）傾聴の姿勢
　「話を聴く」ことの意義や効果、方法について考えます。聞き手の態度を指定するペアワーク（「一生懸命に聞く」、「作業しながら聞く」など）を繰り返すことを通じて、相手の受け止め方によって話し手の気持ちがどう変わるかなどをふりかえり、自身の話の聴き方を見つめ直します。

2）観察とフィードバックの視点

場を俯瞰して捉え、状況に応じて働きかけられるようになるために、観察の視点とフィードバックの意義・方法を学びます。「フィッシュボウル」形式でグループワークを行い、観察者はグループワークの結果よりも「過程」に注目し、観察結果を参加者にフィードバックします。

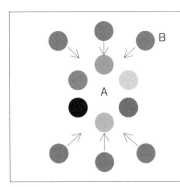

図3）フィッシュボウル

3）グループへの介入

授業等の現場で具体的に起こる出来事（「全く発言しない人がいる」、「グループワークの時間が余る」など）を取り上げ、対応策を考えます。これを通じて、グループワーク支援の引き出しを増やします。

4）プログラム（特にアイスブレイク）の運営

学ファシがアイスブレイクの運営者と参加者に分かれてデモンストレーションを行います。運営者が参加者からフィードバックをもらうことを通じて、授業の場面をイメージし、具体的な改善点を考えます。

▽授業等で学ファシとして活動する

研修を終えたら、現場での活動が始まります。学ファシは「お手伝い」ではなく、教員と協働して授業等の運営を支援します。教員との打ち合わせを経て、20～60人規模のアイスブレイクの運営、学生生活のモデル提示を目的としたプレゼンテーション、グループワーク支援などを行います。身近な先輩が一生懸命に授業等の運営を支援し、親身になって受講生に声をかける姿勢が、受講生の安心感の形成や場の活性化につながります。

▽成長する環境を整える
　実際の現場では、学ファシがアイスブレイクの運営に苦戦し、グループ介入に戸惑う場面もあります。こうした経験も成長の糧になるよう、以下の機会を設けています。
1）取組をふりかえり、次に活かす
　段取りを確認する「打ち合わせ」だけでなく、成果や課題を次回に活かすための「ふりかえり」を促します。ふりかえり用紙の様式を指定するなどして工夫します。
2）他クラスと情報を交換する
　担当クラス横断の打ち合わせや、学ファシ全員が定期的に集まる機会などを設けます。授業でのグループ作業の進捗状況や受講生との向き合い方に関する不安を共有し、解決策を考えます。
3）客観的なフィードバックを受ける
　学ファシにとって、先輩学ファシや担当教員など、少し引いた目線から自身の言動にフィードバックしてくれる存在が必要です。フィードバックによって自身の課題に気づく経験は、ファシリテータとしての成長に非常に有効です。

▽活動をふりかえり、学びを言語化する
　学ファシの活動を通じて学んだことをふりかえり、活動を締めくくります。受講生のアンケート結果や、担当教員からのフィードバックコメントを自分自身のふりかえりに活かすことで、「いい経験でした」で終わらせず、今後につなげてもらうことを目指します。

▼この事例から何が学べるか
　学ファシは研修だけでなく、実践経験から多くを学び、成長します。そのため、活動全体が学ファシにとって学びの材料となるような設計が必要です。

（鈴木陵）

****

（用いた手法）
　アイスブレイク（23頁）、フィッシュボウル（144頁）

〈研修・人材育成〉

第4回 ESD 日本ユース・コンファレンス
～多様な参加者の関係性を作りプラットフォームを作る試み～

▼概　要
　「ESD 日本ユース・コンファレンス」は、「教育を通じて持続可能な未来社会を作っていく」ことを目指し、学校の教員だけでなく教育の未来に興味がある35歳までの多様な立場の若手リーダーたち（NPO、行政、企業、学生など）が集い議論しあう場として開催されました。当日は日本各地から50人近くの参加者が集まり、様々な議論がなされ満足度の高い場になりました。

▼この事例で伝えたいこと
・1泊2日、2泊3日などの短期集中のワークショップのデザイン方法
・活動分野が異なる初対面の人たちが関係性を結び、深い対話をしていくための工夫
・未来志向の話し合いをどのように設計していくかの工夫
・話し合っただけにとどまらずアクションを生み出す場をどう作っていくかの考え方
・最適なプログラムをデザイン・実行するための事前準備会合のプロセス

▼詳細内容・プロセス
▽ねらいと全体の構成
　初対面の若者同士がいきなり教育の議論を始めても、お互い遠慮しあったり、それぞれが自分の主張を言い合うだけで建設的な意見交換にはならないかもしれません。今回のコンファレンスでは
①まず参加者同士が関係性を結び合い、興味を持ち合うこと。
②その上で教育の未来を議論し合うことで個々人の意見にこだわらず、個人の想定を超えた集合知としての未来像や理想像を描くこと。
③それらの未来像や理想像が他人事ではなく自分事として感じることで一過性の議論に終わらず現実を変えていくアクションにつながっていくこと
を目指しました。

同時に今回の集まりによって、参加した人同士がつながり合い、プラットフォームになっていくことで、このようなコンファレンスが開催されなくても日本中の若者が協力し合い、教育の未来を変えていくうねりが生まれることを狙いとして開催されました。

　上記を実現するために当日は事前会合プロセスにより五部の構成でプログラムが設計されました。

事前会合プロセスと musubi サイクル
　当日プログラムを成功させるために、主催者だけでなく参加者や他の関係者なども含め、ワークショップでプログラムをデザインすることを事前会合プロセスと言います。この事例では事務局に6人の若者が加わりプロセスを進めました。プロセスでは右図の musubi サイクルの構成要素を順番に扱いながら全員で議論を進めていきました。

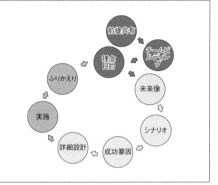

▽第一部「旅の始まり、森を感じる、心をゆるませる」
　趣旨説明・今回のテーマに関する基調講演などを行った後、まず一人一言「今、感じていること、気になっていること」を発するチェックインから始まりました。その後、50人の全体像を感じたいという参加者のニーズから選択したコンセントリックサークルを実施。50人が二重の円を作りダイナミックな対話が起こりました。彼らにとって、過去参加した様々なイベントではいきなりまじめな自己紹介を求められて、緊張してしゃべれなかったり話に気が奪われ、他の参加者の話が頭に残らなかったりの経験がありました。そこで今回は初めは緊張せずに、心がほぐれるようなスタートがしたいとの声でこのようなプログラムになっていきました。

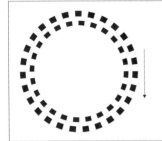

コンセントリックサークル
・内側の人は外向きに座り、外側の人が内向きに座る形でペアを作って向き合って座る。
・問いをもとに初めは片方が一方的に話し、時間になったら交代して同じ時間話す。
・終わったら外側の人が1つずれて座り、違う問いで同じことを繰り返す。

▽第二部「深くつながる、自分と仲間と」
　次は参加者同士が深くつながる時間です。こういったコンファレンスではいきなりテーマに基づいたディスカッションを始める場も多いですが、いきなりそうすると人の話を聴かず自分の主義主張を言うことに終始する人。自分と違う多様な意見を拒絶する人などが生まれてきてしまいます。しっかりとお互いのことに耳を澄まし、興味を持って聴き合い、そのことによりお互いの意見に共鳴、共感、刺激が生まれていくことでようやく多様な人が集まった集合知が紡がれていくようになります。そのためにまずグループでアイスブレイクを行った後、意見交換をはじめるのではなくそれぞれの哲学や教育に対する想いやそれぞれが日々行っている活動の内容やその奥にある背景をただただ聴き合うストーリーテリング、それらによってあつまる50人の生のストーリーから気づきを分かち合うコレクティブストーリーハーベスティングを実施しました。

▽第三部「とことん語り合う、学びあう」
　夜の時間は、すでに様々な現場で活躍している若者がその知識や持っているワークショップ手法などを交換し合う分科会です。こういった時間があることで、具体的に持って帰ることができる知識やスキルが得られ、参加者も大満足の時間となりました。

▽第四部「未来へのシナリオづくり」
　2日目に入り、プログラムは未来軸へと移っていきます。このコンファレンスは35歳までの若者世代のコンファレンスということから、まず若者世代が世界や社会に対してどういうことができるのか探求していきました。50人一度に

探求はできませんから、少人数の深い対話と大人数の英知の化学反応を両立できるワールド・カフェという手法で探求していきました。その後、シェアードビジョンという手法を使い2020年、2030年の「私」、「教育（界）」、「地域」、「日本」、「世界」、「生活・働き方」「社会システム（政治・経済）」は、どうなっているのか、想像力を自由に大きく働かせ、個人で付箋に書き出す作業から全員で共有していく時間に移っていきました。

▽第五部「前に進む、終わりは始まり」
　未来の解像度を高めた後、大事なことはそれを評論家のように語って終わりではなく、自分の一歩から始まるシナリオに仕立てることです。プロアクションカフェの手法を活用し14名からアクションプランを募り、ほかの参加者は、関心のあるプランに対して意見やアイデアなどを出し合いました。最後は、全員で輪になり、2日間を終えての気持ちや今後の抱負や感想を共有しました。1人ひとりの想いが語られ、温かく、これからの行動のきっかけになりそうな雰囲気の中、閉会となりました。

▼この事例から何が学べるか
　安心して話せる場、安心して話せる関係性が創造的な場には欠かせません。丁寧に関係性を結び、恥ずかしがらず夢を語り、躊躇せずに妄想を語れるような場をデザインしていくことが重要になってきます。

(嘉村賢州)

＊＊＊＊＊＊＊＊＊＊＊＊＊＊＊＊＊＊＊＊＊＊＊＊＊＊＊＊＊＊＊＊＊＊＊＊＊＊＊

(用いた手法)
　チェックイン（22頁）、アイスブレイク（23頁）、コンセントリックサークル（148頁）、ストーリーテリング（28頁）ワールド・カフェ（32頁）、プロアクションカフェ（38頁）
　コレクティブストーリーハーベスティグ、ピアラーニング、シェアードビジョン

〈研修・人材育成〉

とくしま若者フューチャーセッション
～対話によるキャリア学習と政策提言の場づくり～

▼概　要

　「とくしま若者フューチャーセッション事業」（以下、若者FS事業）は、地域の担い手を育てるキャリア教育の場であると同時に、若者の柔軟な意見を県政に取り入れる政策提言を目指したフューチャーセッション事業です。

　若者FS事業は、徳島県次世代育成・青少年課が行う若者リーダー育成事業であり、徳島市の一般社団法人しこくソーシャルデザインラボが事業委託を受けて企画・運営を行いました（2015～17年）。

　徳島県内在住の30歳未満の若者世代（高校生・大学生・若手社会人など）を対象に、食・アート・働き方・政治など様々なテーマで地域の未来について対話を行いました。

▼この事例で伝えたいこと

・若い世代が主体的に地域の未来を考えるフューチャーセッションの方法
・キャリア学習としての能動的な学びの効果
・「若い市民」としての若者世代の政策提言の可能性

▼詳細内容・プロセス

　2015年～2017年の3年間で県内各地において15回（フューチャーセッション8回・ファシリテーター養成講座4回・成果報告会3回）のセッションを行い、合計で延べ300名近い参加者を得ました。参加者は県内中心に広く公募しましたが、なかでも高校生が多く参加してくれました。
＊2018年度以降も事業継続中

1）若者フューチャーセッションの基本プログラム
　とくしま若者フューチャーセッション事業は、フューチャーセッション、ファシリテーター養成講座及び成果報告会といった一連のプログラムを各年度で行っていますが、そのうちメインのパートが「若者フューチャーセッション」です。

◎とくしま若者フューチャーセッション事業 全体概要（2015年度〜2017年度）

年度	講座1	講座2	講座3	講座4	成果発表
2015年度	若者フューチャーセッション01「スポーツ」 9月13日（日） 親子カフェ「はこいろ」（徳島市）	若者フューチャーセッション02「フード（食）」 11月15日（日） 脇町劇場オデオン座（美馬市）	若者フューチャーセッション03「アート」 1月31日（日） 旧牟岐小学校（牟岐町）		成果発表会 2月28日（日） とくぎんトモニプラザ（徳島市）
2016年度	若者フューチャーセッション01「働き方」 12月10日（日） 神山サテライトオフィス・コンプレックス（神山町）	若者フューチャーセッション02「働き方」 1月29日（日） うだつアリーナ（美馬市）	若者フューチャーセッション03「働き方」 2月12日（日） 平等寺（阿南市）	ファシリテーター体験講座 3月5日（日） とくぎんトモニプラザ（徳島市）	成果発表会 3月20日（日） とくぎんトモニプラザ（徳島市）
2017年度	ファシリテーター養成講座 8月20日（日） 8月26日（土） 9月10日（日） とくぎんトモニプラザ（徳島市）	若者フューチャーセッション01「結婚支援」 11月5日（日） 四国大学（徳島市）	若者フューチャーセッション02「政治」 11月26日（土） 穴吹カレッジグループ徳島校（徳島市）		成果発表会 12月17日（日） とくぎんトモニプラザ（徳島市）

＊会場はすべて徳島県内

2）成果報告会

　各年度で実施した複数回のフューチャーセッションのうち、特に優れた地域創生アイデアを参加者より発表してもらう「成果発表会」を、毎年度の最後に実施しました。発表会には広く一般参加者を募った他、地元メディアや県知事も招聘。県知事には、それぞれのアイデア発表に対するコメントをお願いしました。また実践的ないくつかのアイデアについては、その後徳島県の施策や活動に実際に取り入れられました。

　高校生からは、「大学生・社会人と地域の未来についてフラットかつオープンに語り合える場はこれまで経験したことがなく、とても新鮮」との感想が多く寄せられました。今後、対話的で深い学びであるアクティブラーニングが広く教育現場で実践される方向になっていますが、まだまだ実際の学校教育の中

とくしま若者フューチャーセッション 基本プログラム			
時間	プログラム	概要	講師／ファシリテーター
10:00（10分）	開始・あいさつ	プログラムの趣旨説明	徳島県次世代育成・青少年課
10:10（20分）	自己紹介タイム	4マス自己紹介ウォーク	しこくソーシャルデザインラボ
内容	参加者がA4用紙に ①名前 ②住所 ③所属 ④参加動機 などを書き、歩き回りながらお互いのシートを確認し合った後、3〜4名のグループに分かれ自己紹介を行う（4マス自己紹介）。		
10:30（60分）	ゲストトーク	活動紹介	ゲスト
内容	各フューチャーセッションのテーマに即したゲストを3〜4名招き、活動内容をお話いただく。なるべく開催地域で実践活動をしている若手ゲストを選定した。		
11:30（20分）	質疑応答		
11:50（50分）	ワールド・カフェ	20分×2ラウンド	しこくソーシャルデザインラボ
内容	4人グループを構成し、各フューチャーセッションのテーマに即して、地域の未来をつくるアイデアを自由に出し合うセッションを実施（例：「アートで徳島を元気にするには？」）。		
12:40（60分）	昼食		
13:40（20分）	ワールド・カフェ	ハーベスト	しこくソーシャルデザインラボ
内容	2ラウンドのワールド・カフェから出た地域創生アイデアを全体でシェア		
14:00（90分）	マグネットテーブル		しこくソーシャルデザインラボ
内容	参加者が、各回のテーマに応じた「とくしまをもっと素敵にする」アイデアをA4用紙に書き、自由に会場を歩き回りながら、お互い引き合う仲間を見つけ、6名以内でグループを結成。その後グループごとにアイデア出しを行い、その結果を模造紙にまとめて発表準備。		

15:30（40分）	アクションアイデア発表会	みんなで投票タイム	しこくソーシャルデザインラボ
内容	各グループによるアイデア発表を行ったのち、参加者全員によるシール投票を実施。順位付けを行った上で結果を共有する。		
16:10（20分）	全体まとめ	感想シェア／次回告知／記念撮影・アンケート	しこくソーシャルデザインラボ
16:30	終了		

では実施されておらず、その意味ではこの若者フューチャーセッションがそうしたアクティブラーニングを先取りする形となっていました。

▼この事例から何が学べるか

能動的に地域の未来を考え、多世代と共創して実践的なアイデアを創り出していく行為は、特に高校生にとって地域における自分のキャリアイメージを生成する良い機会となりました。そしてこうした未来創造型ワークであるフューチャーセッションは、キャリア学習の場としても大変有効であることがわかりました。

（佐野淳也）

＊＊＊＊＊＊＊＊＊＊＊＊＊＊＊＊＊＊＊＊＊＊＊＊＊＊＊＊＊＊＊＊＊＊＊＊

〈用いた手法・ツール〉

4マス自己紹介（152頁）、ワールド・カフェ（32頁）、マグネットテーブル（40頁）、プロアクションカフェ（38頁）

〈研修・人材育成〉

共に本を読むことからはじまる学びの場
~本をきっかけに共通言語を持った仲間をつくる方法~

▼概　要

　参加型読書会手法アクティブ・ブック・ダイアローグ®を用いて、様々な場面で実践を行ってきました。今回は書店における共通の本に関心を持つ方々を対象とした場づくり、研修の場での本を活用した参加者の前提知識をそろえるための場づくりに焦点を当てて、シンプルな手法の応用のヒントをつかんでもらえればと思います。

▼この事例で伝えたいこと
・共通知識、共通体験を得た上での対話が持つ、比較的短時間での密度の高い交流手法
・企画の一部分であっても、共通知識や体験づくりに効果を発揮する手法

▼詳細内容・プロセス
　特に大切なポイントとしては以下の3点です。

(1) 個人に置換すること	テーマへの理解度、関心、普段の読書量・スピード
(2) 本に関すること	ページ数、難易度、前提とする知識の有無
(3) 進行者の留意点	対話部分の設計、時間管理、参加者のページ配分

▽ Work Style Café vol. 1 - 2（アクティブ・ブック・ダイアローグ®を主に行う）
　「書店を本の購入場所から、人と情報が行き交う発信地へ」そんな想いから開催した3時間の企画です。大阪府枚方市にある HIRAKATA T-SITE 蔦屋書店4Fカフェスペースにて行われました。第1回目は2017年9月30日、選書は"「好きなことだけやって生きていく」という提案"でした。同様の流れで第2回目は2017年11月11日、選書は"ギグ・エコノミー　人生100年時代を幸せに暮らす最強の働き方"を開催しました。本を事前に購入して読んでいた方、当日初めて本を手に取った方、店内を偶然通りかかった方、企画者の知人、書店員、合わせて約15名が参加しました。

チェックイン	A4用紙を4つのエリアに分けて「呼ばれたい名前・お住まい・普段読む本のジャンル・今日の期待」を書き出してから、1人1分程度で自己紹介を行いました。（会場の壁に貼っておくことで、休憩時間等に参加者同士が集まり会話が生まれていました。）
サマリー作成	参加者自身が担当したい章を選択し、30分間で読みながら、「この場にいるみんなに共有したい」、「大事だなと感じた」箇所をB5用紙4枚に抜き書きしました。（参加者の様子を見て10分延長）
プレゼンリレー	作成したサマリーを縦につなぎ合わせ、壁に張り出し、参加者は1人あたり2分を目安に担当したページの内容を発表しました。 （タブレット端末等で経過時間を表示してなるべく時間を守り合うようにしました。）
ダイアログ	「この場にいる皆さんと話したい、探求したいテーマや問い」を1人1つA4用紙に書き出し、3つのグループに分かれ、20分間それぞれの感想・関心を話し合いました。
チェックアウト	各グループで話されたことを発表し、最後に1人1分程度で3時間の感想・気づきを共有しました。

図1）サマリーを見ながら対話

図2）関連書籍コーナー

　書店とのコラボ開催ということで、1人1冊本を購入して参加する形式、第2回からは店内にある関連書籍コーナーを設けました。休憩時間やイベントの前後で、本を手に取り会話する姿も見られました。
　また、この取り組みを通して、「近隣に住んでいて店には頻繁に訪れていたが、今まで接点のなかった方と出会えた」、「本の感想を直接複数名から聞くことはあまりなかったので、面白い」、「普段は文学系を読む。こんな機会でないと読まないジャンルの本だったので新鮮だった」という声をいただきました。

▽モテる公務員講座拡大版「評価する、をマスターする！」（研修の場での知識共有）

「人の幸せに貢献する公務を通じて自己実現を果たす人」を目指して、京都府内で働く有志の公務員らが2018年6月16-17日に企画した講座です。評価士の方を講師にお呼びして、1日目で評価について学び、2日目は実際の参加者の企画を題材にロジックモデルを作るプロセスを体験することが目的の2日間です。講師によるワークショップや事例の紹介が予定されていたため、1日目の目的を「評価の歴史と理論をおさえる」に定め、課題本を「参加型評価―改善と変革のための評価の実践」に決定しました（歴史と理論について書かれた第1部に主な焦点を当て、実践例について書かれた第2部を一部ウォーミングアップで活用）。講師、企画者、参加者合わせて15名が集いました。

ウォーミングアップ	第2部9章のコピーを1人2ページ程に分け、ランダムに配布しました。10分間でB5用紙1枚に「大事だなと感じた」箇所を抜き書きし、90秒で発表しました。まとめ方や読み方の感覚を掴んでもらいました。
サマリー作成	あらかじめ第1部のコピーを1人あたり15ページ程度に分けておき、参加者自身で担当したい部分を選択してもらいました。40分間で読みながら、「この場にいるみんなに共有したい」、「大事だなと感じた」箇所をB5用紙4枚に抜き書きしました。 （早く書き終えた参加者の方と壁への張り出しを行いました。）
プレゼンリレー	作成したサマリーを縦につなぎ合わせ、壁に張り出し、参加者は1人あたり2分を目安に担当したページの内容を発表しました。
ダイアログ	壁に張り出されたサマリーを囲むように座り、3人組で「本を読んでみた感想・浮かんできた疑問」を共有しました。その後、各グループごとに話された内容を共有し、全員で「参加型評価の大事なポイント」について意見や感想を交わしました。最後に、グループから出てきた質問に答える形で、講師からの解説を聞きました。

参加者や企画者からは「繰り返し出てくる話だから大事なポイントはここだと気付いた」、「難しい内容で、1人だと10ページ読むのが精一杯だったけど、プレゼンを聞いていくうちにちょっとずつわかってきた」、「壁に一覧になっていることで、全体像をとらえやすい」、「講師の解説を聞くなかでさっきのあの話だ！　と戻ってきやすかった」、「気になった部分、全体を読み返したくなった」、「共同作業をしたことで短時間で場に一体感が生まれた」という感想を得ました。2日目に途中参加者に向けて再びプレゼンする時間を設けたことで、参加者の復習・遅れを取り戻すことにも役立ちました。

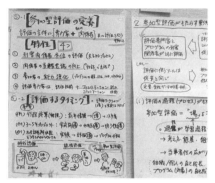

図3）当日作成したサマリーの一部　　図4）途中参加者にむけて共有

▼この事例から何が学べるか

　読書会を行うなかで「映画の感想を話すみたいに、初めて会った人ともなぜか濃く話せる」という感想をいただいたことがあります。

　多様化する価値観のなかで、ただ出会うだけでは関わり合いはそう多くは生まれません。

　共有できるものや機会があると、人はつながりあい、学ぶことができます。

　本を通して知識や体験を共有することで、新たな仲間や関わりを生み出すことができるでしょう。

（山本彩代）

****

（用いた手法）
　アクティブ・ブック・ダイアローグ®（56頁）、KP法（54頁）、チェックイン（22頁）、マグネットテーブル（40頁）、グラフィック・ファシリテーション（50頁）

〈研修・人材育成〉

フィールドワークの疑似体験で地域や人間の多様性に学ぶ
～地球たんけんたい「京都で世界を旅しよう!」～

▼概　要

　地球たんけんたい「京都で世界を旅しよう！」は、日本の教室のなかで、カナダ先住民、モンゴル遊牧民、中部アフリカ狩猟採集民、アンデスの先住民など、世界の多様な人々の文化や環境観について、フィールドワークを疑似体験するような体験学習を通して学ぶワークショップです。学習者たちは写真、モノ、動画、演劇などを組み合わせた「場」のなかで、自らの関心や経験に支えられ、文脈のなかで人々の考え方や暮らし方を捉え、自分との違いや通底するものを探ります。「マナラボ 環境と平和の学びデザイン」が企画・プログラム開発・実践を行い、2019年度で8年目、1,000人以上の初等教育課程の児童や市民が参加しています。

▼この事例で伝えたいこと
・非言語的な情報を学びの場のなかに位置づける手法
・ロールプレイによる他者理解と自己理解
・知識注入型ではなく、相互行為のなかで意味やリアリティを形成する学びの場

▼詳細内容・プロセス
▽ねらいと全体の構成
　2018年度の地球たんけんたい「京都で世界を旅しよう！」では5つのワークショップを行いました。
（1）「ゾウのいる森で遊ぶぞう！」(中部アフリカ熱帯雨林のバカ・ピグミー)
（2）「動物と話す方法」(カナダ先住民カスカ)
（3）「ボクは大草原の遊牧民」(モンゴル遊牧民)
（4）「アンデスの世界・神殿のヒミツ」(ペルー周辺アンデス地域の先住民)
（5）「思いやり社会のイスラーム」(イスラーム文化圏の人々)

ここでは、事例（1）「ゾウのいる森で遊ぶぞう！」[1]のプロセスを紹介します。文化人類学などでは、人間の歴史の99％を占める狩猟採集社会に、人間を人間たらしめた文化の基礎が見いだせるのではないかという問題意識が共有され、調査研究が重ねられてきました。本ワークショップでは、他者の立場に身を置き、動いたり話したりしてみることで、どのようにものが見えるか、どのような感覚になるかを知るロールプレイ手法などを用いて、狩猟採集民バカ・ピグミーの考え方や暮らし方に学びます。この事例は「公平な分配」と「象徴」をテーマとしたプログラムです。

ステップ1：受付とアイスブレイク

　会場から机・椅子を取り去り、森と林のゾーニングを行い、壁に大きな生活風景写真を配置します。細い木の骨組みと巨大な葉でつくられる森の家モングルに見立てたテントや動植物の実物大スケッチを置きます。学習者はバカ・ピグミーの名前をもらい、コシミノをつけ、はだしで会場に入ります。これらは学習者がバカ・ピグミーの立場に身を置きやすくする設えです。

　挨拶や諸注意の後、「今日はバカ・ピグミーになってみよう」という声掛けやアイスブレイクを行い、世界地図を見たり、動画の視聴などを通し、基本情報を確認します。

ステップ2：場になじむ　村の家と森の家

　ピグミーの長老に扮した研究者が、新参のバカ・ピグミーに扮する学習者たちに、村の家、皆で行う子育て、学校等の様子や植物で編まれたカゴや楽器などを紹介します。森の音を聴き、森の家（モングル）のなかでは、身を寄せあって座ったり寝ころんだりし、ピグミーの暮らしを模倣してもらいます。

ステップ3：バカ・ピグミーの世界

①狩猟採集

　ピグミーは大変多くの動植物を見分け、その名前や効用を知り、人の成長段階に応じたタブー食物を持ちます。罠掛け、鳴きまねによる動物のおびき寄せ、槍突きなどの練習後、「食べきれて、しかもお腹いっぱいになる量」の動植物を森から4、5人のグループで獲ってきてもらいます。狩猟後、各グループが獲った動植物の名前や特徴を長老が教えます。

②公正な分配

　獲物は、自分や家族で食べてしまわず、人々と公平に分配します。特に初めて獲った獲物は自分では食べません。今回もグループ（家族）で獲った動物は隣のグループに贈ります。多くの狩猟を経験した末、最後に仕留めたい文化的にも大切な動物がゾウであることも学びます。ゾウを獲ったグループのリーダーは、自分で決してゾウを食べず、人々に分配します。

③象徴の共有

　「青年が父親から槍とお守りを受け継ぎ、不思議な存在に出会い、力を授かり、ゾウを倒す」という神話劇をスタッフが演じます。学習者の各グループにも、配布されたカードに記された動植物の不思議な力や精霊について、即興劇を創作し演じてもらいます。アフリカのハチミツやお茶を試飲試食してもらいます。

図1）不思議な力を得るピグミーを演じる

④人々の踊りの輪に現れる精霊、近年の課題

　学習者らは踊りの輪に、「最強の守護者であり畏怖の対象でもある精霊ジェンギ」を迎えます。

　近年の商業目的による野生動物の獲り過ぎや、「森での知識や技術」と「学校教育」の両立、森林の減少という課題にも触れます。

図2）ピグミーの狩猟を演じる

ステップ4：振り返り

　バカ・ピグミーにとり、また自分にとり、森はどんなところかなどを問いかけ、自然環境の見方について、

図3）森のピグミー（大石高典氏撮影）

捉えなおす時間をとります。また、ピグミーを演じるなかで、感じとれた能力や力について問いかけます。付箋に書いた回答を丁寧にみていくなど、学習者の考えを皆で共有する時間を設けます。

▼この事例から何を学べるか
　子どもや市民が相互関係のなかで行為をつくりだすファシリテーションをすすめることにより、学習者たちは「専門知」の理解を主体的に組み立て、意味を構成することができる。

(飯塚宜子)

＊＊

(用いた手法)
　アイスブレイク(23頁)、ストーリーテリング(28頁)、ロールプレイ(70頁)、ブレインストーミング(26頁)
　場の見立て、パフォーマンス・エスノグラフィー

(ⅰ)　本プログラムは京都府、日本学術振興会などの研究助成・事業助成により、アフリカ研究者の大石高典、園田浩司、田中文菜の協力を得て、ファシリテーターや俳優、教育関係者らが連携して実施しています。

〈研修・人材育成〉

ナレッジ×DIY（参加体験型セミナー）
〜コーディネーターの想い描く講義を図解様式を用いて実現〜

▼概　要
　京都府府民力推進課（平成29年度当時）では、多様な主体による協働や連携を創出する仕組みをもっています。セクター間の通訳者や会議のマネジメント人財としての「協働コーディネーター（以下、担当者）」を配置し、空間として「府庁NPOパートナーシップセンター（以下、センター）」、場として「ナレッジ×DIY（参加体験型セミナー）」を行っています。「ナレッジ×DIY」は、担当者が地域活動に必要だと思われるスキルや知識をテーマに専門家を招き、参加者とともに学ぶ講座で概ね月1回ペースで行われています。この講座を計画立案・実施するために、関係者間で講座イメージの共有のために図解様式で提案し検討を重ねます。このプロセスは担当者の事業理解とモチベーション維持にもつながっています。

▼この事例で伝えたいこと
・担当者が関係者との意識共有を図り、効果的な事業を生み出すためのモチベーション維持
・担当者の個性を活かしたアイデアをカタチ（講義）に収める
・関係者にもわかりやすい客観性を兼ね備えたフレームワーク

▼詳細内容・プロセス
▽ねらいと全体の構成
　「ナレッジ×DIY」は、センターの目的である多様な主体との「協働」による地域課題の解決と、地域活動団体が望んでいる「情報」や「スキル」をいち早く担当者を通じて察知し、提供できることをねらいとしています。
　「ナレッジ×DIY」は、目的に近づくために様々な目標を立て企画やその実施をしています。さらに事業対象とその周辺には、異なる属性の集団が多く存在します。例えば地域活動に必要な基礎的な知識や運営のスキルを必要する方々です。担当者は、企画実施に向けてモチベーションを維持し、参加者にとってより良い学びや気づきを提供することが求められます。そのため、内容

の検討に際しては、常に全体を俯瞰し、細部を調整できる企画策定の様式を作成し、担当者の企画への思いを可視化できるようにしています。

ステップ1　担当者の強みを、興味や関心ごとに重ねて書き出す
(経験則やスキルの可視化)

　企画を行う担当者個人の興味や関心事、スキルをより多くの言葉で表現し、他のスタッフとの想いを共有します。特に協働に必要だと思われるスキルや知識を、企画担当者の視点で整理しキーワードや短い文章で表します。担当者のこれまでの経験からの視点が重要なポイントであり、型にとらわれないことが大切です。その視点が担当者独自の企画となり、企画を進める強い動機付けとなります。

ステップ2　図解事例(図2)
「参加対象を想定して、具体的な1人の参加者をイメージする」
　「現状」→「理想」への企画プログラムの「提案」
　団体からの日々の相談内容をテーマとした企画や、スキルや知識がないため悩んでいる団体を想起して企画を検討します。活動団体に不足しているコトと、担当者が注目しているスキルや知識とを重ね合わせます。さらに、参加してほしい個人や団体を想定することで、「ナレッジ×DIY」の構造化(起承転結)がしやすくなります。

　受講した後に参加者に生じる小さな変化をイメージし、企画作成時に構成要素を分かりやすく整理し伝える図解表現を行います。イメージや考えたことを図解表現することによって周りのスタッフからの理解や助言、協力が得られやすくなります。図解表現は、「団体などの現状」と「理想的な活動状態」、「そのために必要な提案」と3つに分けて考えます。

　まず、受講者の置かれた状況と、理想の活動状態を想像します。理想の状態になるために解消しなくてはならない課題を想定し、そのために不足する多くの事柄の中から1つをテーマにした提案する企画を構成します。参加者が、受講後に理想の状態へとつながる意識変化や行動変化を促す企画構成を心がけます。

ステップ3　シナリオに落とし込む
　担当者は、着想から企画立案、実施責任、報告までを1人で行います。立案

に際しては、テーマが特定団体の支援に特化しすぎるなどの趣旨に合わないことや、協働を推進する事業としてふさわしくないなど、時にはマイナスの指摘も必要です。企画監督者は事業全体の目的を説明し、目的との不一致な箇所の修正を促します。日頃からの良好な関係と丁寧かつ粘り強い説明が必要です。しかし担当者が考えるテーマは、日頃から感度高くし関心を寄せている課題です。将来においてもこのテーマから離れることはないと思われます。したがって企画監督者は、担当者がこのテーマを追求し解決策やその具体的手順などを導き出す経過を見守ることも必要です。

　担当者は、企画監督者の指摘を受けながら、講座内容を進行表に落とし込みます。この進行表は、これまでの経験によりブラッシュアップされ使いやすいものとなっています。イメージを言葉にして、進行表を用いて関係者に説明します。この時、多くの関係者を巻き込むことで、多角的な視点での指摘や助言を得られます。さらに、企画内容を丁寧に話すことによって、企画段階から関係者との講座目的の共有と理解が進みます。この過程を踏むことによって、当日のスタッフ分担を決め、企画者の意図を十分に汲み取ったスタッフ体制ができあがります。

ステップ4　ナレッジ×DIYの実施とふりかえり（フィードバック）
　「ナレッジ×DIY」の基本的な構成は、ゲストなどによるテーマレクチャーと、少人数での参加者どうしの対話、グループワークで話されたことの共有、質疑応答と情報交換会です。片付けなどが終了したのち、実施スタッフによる1人5分程度のふりかえりを行っています。評価や特に気づいた点への指摘などで、担当者への励ましや、次回への申し送りを行っています。担当者から最初に発言することが、この評価会ではポイントになります。実施しての気づきや失敗をスタッフ全員で共有して、それ以外の視点から改善提案を行っています。これは担当者が、最も出来栄えと実施の課題を理解している理由からです。開始時にアンケートを輪読して、参加者の評価を把握してから行うことも必要です。

▼この事例から何が学べるか
　個人の持つスキルや知識を活かし、テーマと重ね合わせた講座を企画することが、担当者のモチベーションをUP維持することができます。スタッフ間のゴールイメージを共有することが、より高い成果を生み出します。

図1）地域未来ソウゾウ会議　特別編（南丹市日吉町）平成29年、会場の様子

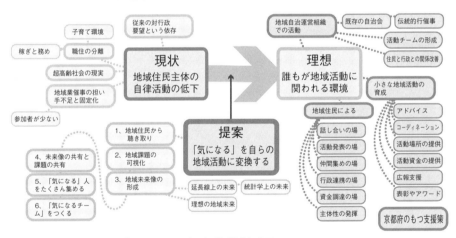

図2）ワークショップ企画「地域未来ソウゾウ会議」構成概念図

(吉永一休)

＊＊＊＊＊＊＊＊＊＊＊＊＊＊＊＊＊＊＊＊＊＊＊＊＊＊＊＊＊＊＊＊＊＊＊＊＊＊＊

(用いた手法)
　樹形図的思考整理法（52頁）

〈研修・人材育成〉

マイプロジェクト交換会
~ライフストーリーから始まる本当にしたいプロジェクト~

▼概　要
　2014年度の1年間、多様な地域活動に取り組む府民をサポートする京都府庁NPOパートナーシップセンターにて、「マイプロジェクト」(以下、マイプロ)を活用した企画を計10回にわたって開催しました。

▼この事例で伝えたいこと
・自分を振り返り、思いを具現化する、行動を前提としたプロジェクトづくりの場の実践
・地域の活動支援の現場でマイプロを使った企画の基本的な流れ
・マイプロ企画実施の際の、いくつかのカスタマイズや工夫の例

▼詳細内容・プロセス
▽目的
①参加した人に、自身のライフストーリーやプロジェクトを所定のフォーマット「マイプロシート」に記入してもらうことで、頭の中にある実現したい思いや構想などを、人に伝わる形で表現してもらう。
②表現された内容を発表・共有し、多様な視点からのフィードバックをもらうことで、自身の目指すビジョンをより明確にしてもらう。
③各自のマイプロが共有された状態での参加者同士の交流によって、人と人、団体と団体がつながり、仲間や協力者の輪が構築されるのを促進する。

▽　企画の設計
・センターの性質上、クローズドに一定期間メンバーを固定して積み重ねていくような、フルスケールでのマイプロを実施することは難しいため、毎回オープンに参加者を募っての開催となりました。
・参加者は毎回10~20名ほど。3~4人のグループに分け、作成したマイプロは基本的にグループ内でシェアをしてもらいました。このシェアの時間では、単に話し合うだけでなく、大切な言葉を拾って目に見える形に残すため、模

造紙とペンを用意し、自由にメモしてもらうようにしました。会の最後には、このメモを使ってグループで話された内容を全体に共有する時間も設けました。
・会によって、インタビューワークを取り入れてストーリーを引き出し合うプロセスを挟んでみたり、マグネットテーブルを使って興味関心の近い人たちのグループを作ってみたり、バリエーションを少しずつ変え、より効果的に思いを形にしてもらえるように工夫しました。また終了後30分ほど会場を開放し、グループを超えて自由にマイプロを交換し合い、交流してもらう時間をつくりました。

▽全体の構成（1～2か月に1回開催、【　】は年間の開催回数）
★マイプロ実現までのプロセス★
1．マイプロジェクト交換会【8】　2．地域力再生マイプロ発表会【2】

書いてみよう！	描いてみよう！	発表してみよう！	やってみよう！	繰り返す
・ME編（自分ヒストリー）とPJT編（マイプロジェクトの概要）を記入する。	・WILL編（実現したい未来像）とPATH編（実現までの道筋）を記入する。	・多様な人たちの前で発表して、反応を知る。アイデアをもらう。	・実現に向けて、小さな一歩を踏み出す。できることからやってみる！	・やってみたことを踏まえプロジェクトを磨く。大きく変わってもOK!!

1）マイプロジェクト交換会
　各自が「自分の想い」をワークシートに書き込み、参加者同士でシェア、アドバイスをし合います。現在の活動の整理や構想の具体化、仲間・協力者の輪づくりに最適な「マイプロ」の理論と実践方法を体験的に学ぶ、実践的リーダー養成研修会です。
基本的な内容：
　　・各自マイプロシートに記入〈30分〉
　　・グループで共有、対話〈40分〉
　　・全体への共有〈10分〉
　　・グループメンバーへのメッセージ記入〈10分〉
カスタマイズ例：
〈マイプロジェクト交換会のタイムスケジュール〉

時間	分	内容	説明・備考	準備物
18:30	10	開会・チェックイン	4人1組でのグループをつくって行う	座席図、会場案内

18:40	10	マイプロジェクトの紹介	マイプロの趣旨、場のルールなどを説明	スライド資料
18:50	30	マイプロシートへの記入	初参加：「ME編」「PRJ編」 2回目：前回修正＋「WILL編」「PATH編」	マイプロシート
19:20	40	グループでの共有とフィードバック	グループ内で1人ずつシェア。メンバーは話を聞きながら模造紙にポイントや気づきをメモ	模造紙と水性マジック
20:00	15	各グループの内容を全体に共有	浮かび上がってきたキーワード、共通点など	
20:15	15	メッセージ記入、閉会	終了後、30分ほど会場にて交流タイム	メッセージカード、アンケート用紙

〈マイプロシート〉

（ME編とPJT編：オリジナルのシートをもとに、独自にアレンジとして枠を丸くしイラストを使うなど、柔らかい印象のデザインにしました。）

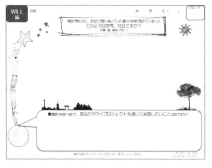

（WILL編とPATH編：新たに作成。初参加は基本の2枚のみ。2回目以降の方に追加していきました。）

2）地域力再生マイプロ発表会

　この「発表会」では、実際にマイプロを実行している人に、活動の詳細、実践の中で得た気づきや学び、心の変化、今後のプランなどを発表してもらい、プロジェクトを次のステージに引き上げるアイデア、協働の提案などを広く集めます。

基本的な内容：
- ・マイプロ実践の発表＋質疑・フィードバック〈10分×数名〉
- ・グループで気づきや感想を共有〈30分〉
- ・発表者へのメッセージ記入〈10分〉

カスタマイズ例：〈発表者用スライドテンプレートの使用〉

　発表会では、人前での発表に慣れていない人でも簡単にストーリーテリングができるよう、簡単に使えるスライドのテンプレートを作成しました。マイプロの各項目を1枚1枚に分割したような内容で、テンプレートに沿って記入し、いくつか写真を添付するだけで発表の流れができます。

▼この事例から何が学べるか

　1年間という期間でしたが、実際に1人の「和菓子紹介のリーフレットを作成する」というマイプロを、参加者同士が協働して形にするという事例も出てきました。マイプロは、しっかりと自分を振り返り、行動を前提としたプロジェクトをまとめた上で多様な人との対話があるため、具体的な話になりやすいという特徴があります。地方自治体や中間支援組織による市民活動促進の一環としても、非常に有意義な手法です。

（西尾直樹）

＊＊

（用いた手法）
　マイプロジェクト（58頁）、マグネットテーブル（40頁）、インタビュー（24頁）

〈研修・人材育成〉

ママファシリテーター養成講座
~初心者の保護者もできるファシリテーション~

▼概　要
　京都教育大学附属京都小中学校（以下、京小）では、全国的にも珍しい「ママファシリテーター養成講座」という取り組みがスタートしました。筆者は同校に11年間所属するスクールセラピストであり、この講座のプログラムデザインと講師を担当しました。ファシリテーションのスキルを身につけた12名の保護者は、2018年5月に同校で開催された平成30年度近畿国立大学附属学校連盟・近畿国立大学附属学校PTA連合会主催「実践活動協議会（実活）」の分科会においてファシリテーターを務め、近畿地区の附属学園37校から集まった教員・PTA関係者ら約250名に向けて、子どもたちの未来を本音で語り合う対話の場をつくり出しました。

▼この事例で伝えたいこと
・学校の中で保護者をファシリテーターに育成する方法
・ファシリテーション初心者の母親でも取り組めるための工夫

▼詳細内容・プロセス
▽ねらいと全体の構成
　一般的なPTA向け講習会や研修会ではレクチャー形式で行われることが多いため、参加者が受け身になりやすく、双方向的なコミュニケーションが生まれにくいという課題があります。そこで今回の試みでは、校内での研修会を通して、ファシリテーションができる保護者を育てることで、当事者意識から話題提供を行い、参加者同士が本音で対話できる場をつくることを目指しました。

```
1.「わたしらしさ」を育む
2. ファシリテーターとしてのスキルを身につける
   (1) ファシリテーションについて学ぶ
   (2) ワークショップのテーマを考える
   (3) プレ実践
   (4) サポーターをつける
3. ファシリテーションを実践する
```

図1）ママファシリテーター養成までのプロセス

1）「自分らしさ」を育む

　自分軸を持ったファシリテーターは、ワークショップの要として場に安心感を与えることができます。一方で子育て中の母親は、子ども中心の生活スタイルになりがちで、つい自分自身のことを置き去りにした"自分がない状態"に陥りやすいもの。そこで京小では、母親を対象

図2）チェックインの様子

に「自分らしさ」を見つめ直すための講座「ママ朝カフェ（全5回）」を月に1度のペースで実施しました（表1）。

表1）「ママ朝カフェ」講座の基本プロセス（3時間を想定）

チェックイン （1分×人数）	参加者全員で輪になり「今の気持ち」を1人1分ほど話す
問題提起 （45分）	子育てに関する話題提供を行う　例：過干渉、フィンランドの教育
グループワーク （15分×3ラウンド）	「えんたくん」を使って3～4人で対話を行う
チェックアウト （1分×人数）	参加者全員で輪になり「今の気持ち」を1人1分ほど話す

　講座修了後、自分らしさを取り戻した母親たちは、他の参加者の課題を自分事として考えるようになり、ファシリテーターの基本姿勢である「当事者意識」が芽生えました。さらに、本音で語り合える安心安全な場の設計を重視したことで、受講生同士の仲間意識や連帯感が育まれ、この講座を修了した母親のなかから有志を募り「ママファシリテーター養成講座」を実施する流れができました。

2）ファシリテーターとしてのスキルを身につける

　「ママファシリテーター養成講座（全3回）」は、ママ朝カフェを受講した京小の母親12名を対象に2018年3月からスタートしました。2人1組でペアとなり、PTA研修会「実践活動協議会」の分科会でファシリテーションを行うためのスキルを身につけていきました。

【第1回】ファシリテーションについて学ぶ

初回の講座では「ファシリテーション」や「ワークショップ」等の用語について解説した後、「ママファシリテーターの心得」についてレクチャーを行いました。次に、実際にワールド・カフェ形式のワークショップを体験し、インタビューワークを通してペアになった相手との相互理解を深めました。ペアごとにワークショップのテーマを考えてくることを次回までの宿題としました。

【第2回】ワークショップのテーマを考える

2回目の講座では、宿題で考えてきたテーマをチームごとに発表。「過干渉」、「自尊感情」、「寿命100年時代の子育て」など、子育て当事者の視点で選ばれた6つのテーマが出揃いました。こちらで用意したテンプレートを埋めてファシリテーションの台本を完成させること、次回までにペアで練習してくることの2点を宿題に出しました。

【第3回】プレ実践

3回目の講座では、宿題で作成した台本をもとに、本番を意識したファシリテーションの実践を行いました。時間配分は適切か、ファシリテーターが自己開示できているか、会場の隅々まで声が届いているかなど、受講生同士でフィードバックを行って内容の精度を高めました。

【本番直前】リハーサル

本番直前では、分科会のスタッフを担当する京小の教員・PTA役員との顔合わせを行いました。タイムライン、台本を配布し流れを共有した後、各会場に分かれてリハーサルを実施しました。リハーサル終了後、教員やPTA役員からは「想像以上のファシリテーションに感動しました」、「すごく良かった」と声があがり、ママファシリテーターとの間に一体感が生まれていました。

3）ファシリテーションの実践

PTA研修会「実践活動協議会」当日、12名の母親がママファシリテーターとしてデビューしました。ワークショップには対話促進ツール「えんたくん」を導入。どの分科会も、教員と保護者の立場を超えて対話が白熱し、「教員と保護者」ではなく「人と人」として本音でフラットに語り合える場となりました。こうして

図3）「えんたくん」を囲んでのグループワーク

分科会は盛況のうちに終了し、今後のPTA研修会の新たな可能性が拓かれました。

未経験のママでもファシリテーションできる工夫

◆2人1組のチーム制
　普段人前で話す機会がほとんどない保護者たちの不安を軽減するために、チーム制を導入。本番当日に子どもが体調を壊して参加できなくなるなど、万が一に備えるねらいもある。

◆台本をつくる
　一般的にファシリテーターは、その場の状況にあわせて臨機応変に対応することが求められるが、人前で話すことに慣れていないママファシリテーターたちにはハードルが高いと考え、事前に台本を用意した。

◆サポーターをつける
　ファシリテーターを務める保護者がファシリテーションに集中できるよう、サポーター役の教員・PTA役員を配置。タイムキープや記録・不測の事態の対応などを、分担するようにした。

▼この事例から何が学べるか

　未経験の保護者でも、工夫次第でファシリテーターとして活躍することが可能です。"ママ"という身近な存在だからこそ、親近感が生まれ、参加者が素のままで話したくなるような空気を生み出せるのがママファシリテーターの強みと言えるでしょう。ママファシリテーターを学校で育成することは、教育現場に変革を起こす可能性を秘めていると実感しています。

(松原明美)

＊＊

(用いた手法)
　ワールド・カフェ(32頁)、インタビュー(24頁)、チェックイン(22頁)、チェックアウト(22頁)、アイスブレイク(23頁)
えんたくん(有限会社三ケ日紙工「段ボール.NET」。川嶋直・中野民夫共著『えんたくん革命』(みくに出版、2018年)を参照)

〈研修・人材育成〉

AoH（アート・オブ・ホスティング）
～誰もがやさしく、かしこく社会を導いていく知恵～

▼概　要
　2017年11月、デンマークで開催された3泊4日の参加型リーダーシップ研修のプログラムを紹介します。プログラムの根幹にあるのは対話により集合知をともに見出し協働する（ホストする：Hosting）上での知恵（アート：Art）を言語化し、実践を通じて伝えていく Art of Hosting（AoH）という考えです。デンマークやアメリカ、カナダ、スウェーデンをはじめ世界各地で実践を通した学びの場が開催されており、日本でも福島、京都（綾部）、静岡県（牧之原）などで開催されています。

▼この事例で伝えたいこと
・ファシリテーターには美学よりも哲学が必要
・ファシリテーターの自信は自らの実践の言語化によってもたらされる
・「おもてなし」しすぎると場の満足度は上がっても相互の学びは高まらない
・ある環境に浸って感じたことを自らが再現でき、解説できてはじめて経験知となる

▼詳細内容・プロセス
▽ねらいと全体の構成
　AoHは、人間の生活世界とは機械とは異なり、生き生きとした生命を持つものとして捉えています。土地を耕し、育て、実りを収穫し、実社会に流通させておいしく楽しんでいただくという具合に、生物や食物といった比喩で、リーダーとフォロワーの関係を見ていきます。そのため、ファシリテーションを通してもたらされる成果をハーベスト（収穫）と呼びます。その上で、
　(1)ありのままの自分でいる…混沌と調和のゆらぎの中から物事への洞察力を高める。
　(2)参加する…対話を繰り返しながら人生の意味が豊かになるよう振る舞う。
　(3)話し合いをホストする…意義ある会話がなされる場をつくりその内容をとりまとめる。
　(4)協創する…「創発」などの知的生産の理論的観点も踏まえつつ対話のプロ

セスを進めていく。

　これら4つの要素は「実践の四相」（The Fourfold Practice）と呼ばれており、自らの思考と行動の枠組み、つまりメンタルモデルとして保ち続ける営みがAoHで最も重要とされています。AoHにはその他にもいくつか核となる理論や手法があります。そのため、AoHは個別のプログラムの名前ではなく、実践のコミュニティ（Community of Practice）だと位置づけられます。

▽プログラムの構成
初日
　チェックイン（ワーク：1時間15分）
2日目
　①「学びの環（Learning Loop）」（ワーク：10分）
　②「実践の四相（Four Fold Practice）」（ミニレクチャー：15分・ワーク：30分）
　③「アプリシエイティブ・インクワイアリー」（Appreciative Inquiry）（ワーク：1時間45分）
　④「ケイオディック・パス（Chaordic path）」（ミニレクチャー：45分）
　⑤「ワールドカフェ」（ワーク：2時間）
3日目
　①「有形のハーベストと無形のハーベスト」（Tangible (external) and intangible (internal) harvest）（ワーク：50分）
　②「拡散と収束」（Divergence and Convergence）（ワーク：25分・レクチャー40分）
　③「手法やフレームワークを学ぶ分科会」（Knowledge Expeditions）（ミニレクチャー：1時間）
　④「オープン・スペース・テクノロジー」（OST：Open Space Technology）（ワーク：2時間25分）
　⑤「コレクティブ・ストーリー・ハーベスティング」（Collective Story Harvesting）（ワーク：2時間15分）
4日目
　①「メタ・ハーベスティング」（Meta harvesting）（ワーク：10分）
　②「8ブレス—8つの呼吸—」（eight breaths）（レクチャー：50分）
　③「より賢明な行動をデザインする」（Designing for Wiser Action）（ワー

ク：2時間半）
　④チェックアウト（ワーク：30分）

▽核となる手法から「アプリシエイティブ・インクワイアリー」の紹介
　1987年、米国・オハイオ州のクリーヴランドにあるケースウェスタンリザーブ大学で開発されたもので、探求型の質問を通して物事の価値に迫る手法です。特徴は語り手、まとめ役、あいづち役の3人1組で行われることにあります。ペアのインタビューと異なり、聞き手はただ質問をし続けると共に、語りの内容をメモしていきます。重要なことは、語り手はあいづち役に向かって語り続けるというルールがあることです。
　例えば、テレビ取材でカメラに語っている場面を想像してみてください。あいづち役は一切の言葉を発することなく、メモも取らず、表情によって内容の理解や関心を表現し、語り手の言語化を誘発します。最終的に聞き手が語り手の内容をまとめ、フィードバックします。これを役割を順に回し、3回行われることとなります。その後、3人の語りを総合して、1つの結論を見出していきます。
　今回は参加型リーダーシップの観点から、3人の語りは共通テーマ「リーダーシップとは何か」で行われました。最終的に私が属するグループのメンバーでは「応える（responsibility）」「見通す（visin）」「信じる（trust）」ことがなされている人、という結論を見出しました。

▽重要なメンタルモデルから「8ブレス―8つの呼吸―」の紹介
　集団での対話を通して「収穫」されるものは、「個人的なもの―集団的なもの、実体のあるもの―実体のないもの」に分類することで、4象限に分けることができます。それらを、「ソーシャル・キャピタル」（集団的で実体のないもの）、「戦略ツール」（集団的で実体のあるもの）、「個人の暗黙知」（個人的で実体のないもの）、「個人の形式知」（個人的で実体のないもの）に整理することができます。中でも、集団的な形式知として「戦略ツール」を生み出すには、「発散と収束」（Divergence and Convergence）が不可欠です。そして、発散と収束のあいだで起こるのが「創発」です。
　対話を通じて変化につなげる流れがある時、この「発散〜創発〜収束」のプロセスを8つのブレス（call, clarify, invite, meet, harvest, act, and reflect：駆り立てられる、大切なことを明確にする、場を整える、出会う、ハーベストする、行動を起こす、振り返る）で進むと整理したモデルが「8つの呼吸」であり、

物事の意味の理解を8つの呼吸によって仲間と共に広げていくというモデルです。ここでも、AoH が機械ではなく生命システムの比喩を用いたモデルを重視していることが確認できます。(1)〜(7)のあいだは周りからは「あざけり」や「ののしり」自らは「うめき」や「うなり」も重ねられることがあるでしょう。しかし、そうしたもがきの中から、新たな意味や価値が生まれると示されています。

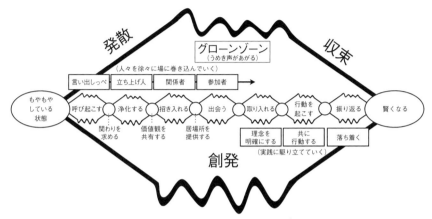

8つの呼吸（研修資料から筆者が翻訳、括弧内一部加筆）

▼この事例から何が学べるか

言語化を促すことで過去の実践の意味や未来の挑戦への意思を見定めていく上では、非言語的なコミュニケーションもまた欠かすことができません。今回は紹介しませんでしたが、即興演劇や演奏のワークも数多く織り交ぜられました。会話の成果を「無機物」的に仕上げる（例えば、写真に撮っておしまい）ではなく、「有機物」的に育てて収穫して味わい（例えば、実際に自らの現場で使ってみて）血肉化する必要があります。

（山口洋典）

****

（用いた手法）
AoH で用いられるモデルや手法はホームページ（http://artofhosting.ning.com）にて、「クリエイティブコモンズ」のライセンスのもと公開されています。なお、ベルギーのメンバーによるワークブックが牧原ゆりえ氏によって日本語に翻訳され、http://aohj.vision/workbook/ で配付されています（その著作権は一般社団法人サステナビリティ・ダイアログに属しています）。

〈研修・人材育成〉

SDGsをテーマとするハテナソンワークショップデザイン講座
～様々な学びを支援するハテナソン～

▼概　要

　ハテナソンは、様々なテーマのもとで大事な問題／課題を特定し、解決のためのアイデアやアクションを創発・実行し、問題／課題設定の適切性を見直し改善する「問いを創る学び場」です。特定非営利活動法人ハテナソン共創ラボは、ハテナソンの面白さと楽しさを人と分かち合い、その場で必要とされる学びに生かすことのできる人材を育成することを目的として、高校や大学の教職員、その他の一般の方などを対象とする「ハテナソンワークショップ（WS）デザイン講座」（以下、講座）を主な活動の1つとしており、2018年8月26日（日）に東京都渋谷区でSDGsを学びのテーマとする講座を開催しました。

▼この事例で伝えたいこと
・ねらい、学びのテーマとコンセプト、および構成手法
・参加者の声を聞く
・事前事後の作業手法

▼詳細内容・プロセス
▽講座のねらい（目的とゴール）
　講座の目的は、ハテナソンの面白さと楽しさを人と分かち合い、その場で必要とされる学びに生かすことのできる人材を育成することです。
　講座のゴール：参加者の到達目標は、①SDGsをテーマとするハテナソンを学習者／参加者の立場で実体験しSDGsを自分ごと化する学びを実感する、②ハテナソンの設計と運営のノウハウを実践的に習得する、③ハテナソンを自身の現場に実装する動機や具体的な企画案を言語化または可視化する、の3点です。
　もう1つのゴール：主催者側の到達目標は、①最小3名、最大6名が参加する、②全参加者が高い満足度と達成度を実感する、③今年中に参加者全員が実践の場を持つ、の3点です。

▽学びのテーマ

　2015年9月に国連が採択した2016〜2030年の行動計画「Sustainable Development Goals：SDGs（持続可能な開発目標）」を学びのテーマとして、SDGsの自分ごと化や具現化を支援するハテナソン（以下、SDGs×ハテナソン）のWSデザイナーになる機会を提供することをコンセプトとしました。

▽講座の構成

　講座はファシリテーター（筆者）と参加者6名の計7名で実施しました。
10：00　講座開始
・挨拶、講座の目的とゴール（前述）、タイム・スケジュールの説明（図1A）。
・参加者同士による自己紹介ワーク（氏名、今の気持ち、私の二刀流）。
10：30　SDGs×ハテナソン（3部構成）の体験学習（図1B〜D）。
・第1部は「感じる」ための2030 SDGsというカードゲーム（開発元は一般社団法人イマココラボ）。6人が個々にゴールを目指し、かつ2030年の

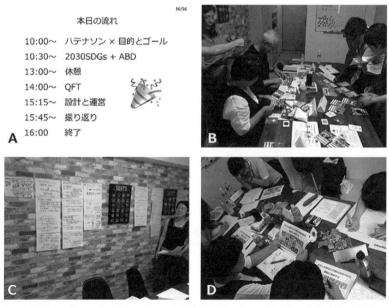

図1）講座スケジュール（A）、ハテナソン体験第1部（B）・2部（C）・3部（D）の様子。

世界の経済・環境・社会状況をつくりました。
・第2部は「読む、聴く」ためのアクティブ・ブック・ダイアローグ®。国連が発行しているSDGsアジェンダの日本語訳の一部を、7人で分読し、リレープレゼンしました。
・ランチ休憩（会場で質疑応答・情報交換しながら会食しました）
・第3部は「考える、対話する」ための問いづくり。3人×2グループで、QFTメソッド：「私の学びと行動はSDGsの実現に貢献する」を質問の焦点に、問い出し、問いの分類と変換、大事な問いの特定と共有までを行いました。
・3部構成のWSは順番を変えて行えること、カードゲームとQFTあるいはABDとQFTの2部構成でも行えることを共有しました。またQFT後には、大事な問いの活用、すなわち問いに対する仮説、検証のビジョン／スローガン、および検証に必要な情報と行動を言語化するアクションプラン策定ワークを行うことが望ましいことを伝えました。
15：00　ハテナソンの設計運営について以下の項目を講義形式で学んでもらいました。
・質問づくりメソッドQFT：アメリカでの開発の経緯
・QFTが持つ学びの3要素（発散思考、収束思考、メタ認知思考）
・QFTの設計手順（学びのゴールの特定、問いの活用法の策定、問いの焦点・優先順位付けの基準・振り返り内容の作成、全体の流れの策定）とファシリテーション
・ハテナソンの全体像と事例（どこで、誰のために、どんなテーマで、など）
・ハテナソンのプログラムデザイン（QFTとその前後の要素、時間・人数など）
・ハテナソン企画シートによる実践の動機と内容の言語化（図1D）
15：45　講座全体を振り返る質問紙調査（詳細は下記参照）。
16：00　講座終了：会場撤収までのあいだ質疑応答など。

▽参加者の声をきく
　参加者からの声を質問紙調査で集めるにあたっては、①学んだ内容と学び方を振り返ってもらうこと、②よかったことを言語化してもらうこと、③自身の

将来に役立つイメージを言語化してもらうことを念頭に自由記述を、そして5択（強く肯定、肯定、中間、否定、強く否定）により講座のレベル・満足度をたずねました。質問項目（7つ）は以下のとおりです。

Q1　このプログラムで学んだことは何ですか。また、その理由は。
Q2　まだ学びたいことがあるとしたらそれは何ですか。また、その理由は。
Q3　このプログラムでよかったことは何ですか。また、その理由は。
Q4　何がこれからの学びや仕事に役立ちそうですか。また、その理由は。
Q5　これからあなた自身が質問づくり手法QFTを使うと思いますか。
Q6　ハテナソン実践の準備が整ったと思いますか。
Q7　これまでに受けたものと比較して、このプログラムのレベルはどれくらいですか。

▽事前事後の作業

　講座はハテナソン共創ラボとアイデア創発コミュニティ推進機構（東京都）との共催で企画ならびに運営（イベント告知サイトPeatix、Facebook、両法人公式HPなどでの広報、会場の予約、資料の準備、当日運営など）しました。事後の取り組みとして、講座終了後2〜3ヶ月経過時点でオンライン振り返り／情報交換会（参加任意）を予定しています。

▼この事例から何が学べるか

　より多く問うことができる者は、より多くを学ぶことができる。であれば、問いを創る学び場ハテナソンを設計し運営するファシリテーターは、さらによく問い、学ぶことができるのではないだろうか。

（佐藤賢一）

＊＊＊＊＊＊＊＊＊＊＊＊＊＊＊＊＊＊＊＊＊＊＊＊＊＊＊＊＊＊＊＊＊＊＊＊＊＊

（用いた手法）
　アイスブレイク（23頁）、アクティブ・ブック・ダイアローグ®（56頁）、ブレインストーミング（26頁）、ワールド・カフェ（32頁）
　QFT（基本プロセス）、カードゲーム、ジグソー法、ハイライト法
　これらを実施の目的や現場の求めに応じて柔軟に選択し、統合した学び場が「ハテナソン」です。

〈産業振興、商品開発〉

「これからの1000年を紡ぐ企業認定」認定授与式ダイアログ
～企業の目指す未来を加速するために中間支援組織ができるネットワーキング～

▼概要

　ソーシャルイノベーションに取り組む京都の企業が認定される「これからの1000年を紡ぐ企業認定」（京都市、公益財団法人京都高度技術研究所、京都市ソーシャルイノベーション研究所（以下 SILK）が運営）の認定授与式は、これまでの認定企業を含め、SILK のつながりのある事業者・行政・中間支援組織を招待して開催します。プログラムの中で行う「認定企業ダイアログ」では、認定企業が解決したい社会課題や、実現したい未来に対して、会場の招待客全員がコミットして考える場を設けています。

図1）授与式のようす

▼この事例で伝えたいこと
・ビジネスシーンでのファシリテーション（プロアクションカフェ）の活用法
・企業の持続可能な経営基盤を作るため、認定授与式を仲間づくりの場にする仕組み

▼事例の詳細とプロセス
▽仕組みとねらい
　認定授与式はソーシャル・イノベーションに取り組む企業やプレイヤー、金融機関や中間支援組織・NPO・行政等、SILK を取り巻くエコシステム（生態

系)の中から、事前に認定企業がつながりたい企業・人などのニーズをヒアリングし、それにマッチする方々をお招きし、80名規模の招待制にて開催します。一般的に、認定授与式などは公開で行われることが多いのですが、この授与式は認定企業と招待客が密につながってもらい、認定企業の目指す未来を加速する応援団になっていただくことを目的としているため、あえて招待制で開催します。

それにより、企業のエコシステムが広がり、コラボレーションが生まれやすい関係が育まれるなど、持続可能な経営の基盤づくりが強固になっていきます。

▽プログラム

プログラム例（全4時間）	
30分	A 認定授与式（プレゼンテーター京都市長）（図1）
45分	B 認定企業による、事業と実現したい未来についてのプレゼンテーション。（図2）
45分	C 認定企業、前回までの認定企業、市長、SILK所長によるトークセッション。認定企業とどんな未来を紡いでいくかがテーマ。（図3）
80分	D 参加者と認定企業とのダイアログ。テーマは「認定企業の実現したい未来の実現を加速するために」。会場全体で、ワールド・カフェ形式で、認定企業の目指す未来に向けて、自分ができること・一緒にやりたいこと・つなぎたい人などを話し合う。テーブルにはスタッフがテーブルマネージャーとして1名ファシリテーションと議論を可視化するために入る。（図4）

▽参加者と認定企業とのダイアログの内容
①ファシリテーターからのインストラクション

グランドルールとして、「やるべきかどうかではなく、やりたいかどうか」、「できるかどうかではなく、どうやって実現するか」を大事にしてほしいと説明します。議論のエネルギーを未来に向ける、大事なメッセージです。

②認定企業からのテーマ発表

世間にあまり流通しない「珍魚」の卸を行う、株式会社食一からは、「珍魚をギフト展開したいが、どんなギフトをもらったら

図2）認定企業による実現したい未来についてのプレゼンテーション

第3章　ファシリテーションの実践　183

図3）トークセッションのようす

れしいか」。有機栽培等の野菜栽培を行う新規就労農家を支え、持続可能な農業を目指す、株式会社坂ノ途中からは、「共感とリアルな購買をどうつなげるか」など、企業ごとのユニークなテーマが出そろい、参加者のワクワク感も高まります。

③テーブルホストである認定企業と、テーブルマネージャーと議論のグラフィック化を行うSILKのスタッフ以外の参加者は興味のある企業のテーブルに移動します。

④簡単な自己紹介と名刺交換ののち、そのテーマに沿って対話が始まります。参加者は「評論家目線」ではなく、「ジブンゴト」として、自身の仕事を通して一緒にできることや、自分の経験に根差した意見を出し合います。

⑤20分程度の対話の後、テーブルホストとテーブルマネージャー以外、席替えを行います（以降、4〜6ラウンド程度実施。認定企業の数やプログラムによって毎年変動）。

⑥プログラムの最後に、認定企業から、本日の感想や、次に行うアクション等が発表されます。

▽ワークショップの成果

図4）ワークショップのようす

後日、対話の内容をSILKスタッフが書き起こし、認定企業に結果をフィードバックします。企業にとっては、対話の内容や、どんな可能性が生まれたかを振り返ることができます。また、テーブルにSILKのスタッフが入っていることで、その後の支援につながりやすくなります。これまでに、

認定企業と京都の伝統の技がコラボされた商品の販売や、新たな取り組みなどがこの場をきっかけに生まれています（認定企業である、不動産業の株式会社フラットエージェンシーと、招待客である一級建築士事務所秋山立花とのコラボレーションによる、産後ケア施設の展開）。

また、授与式を通じて認定企業同士のヨコのつながりも生まれるので、コラボ商品・コラボイベントなどの展開が生まれています（株式会社IKEUCHI ORGANICのタオルと、株式会社坂ノ途中の商品をセットにした「食べる野菜、食べない野菜」の商品展開と、それに伴い、お互いの企業のファンを招いたトークセッションの実施など）。

SILKにとっては普段の関わりの中から、「この人たちを引き合わせたら化学反応が起こりそう」という方を一斉に結びつけることができ、エコシステムを広げることができることもメリットです。認定授与式というお祝いムードにより場の温度も高く、目指す未来が近い人たちが集まっていることから、いい出会いになる確率も高くなります。

▼この事例から何が学べるか

中間支援組織として、ワークショップ等で支援先同士をマッチングして、エンパワーメントする試みはよく行われているものの、参加者の温度や方向性がちぐはぐだったりしてうまく結びつかないこともあります。この授与式では、認定企業の顔ぶれから、引き合わせたい人を招待制で招き、場の空気を未来志向にすることで、様々な出会いとコラボレーションが生まれ、新たな事業が展開することになります。

（山中はるな）

****

〈用いた手法〉
　プロアクションカフェ（38頁）

〈産業振興、商品開発〉

地域イベントと地域名物を生み出すための
フューチャーセッション
〜地域の思いを実現してゆくため連携を進めるコーディネーターの役割〜

▼概　要
　「松原フューチャーセッション」は、下京区役所から託された地域の任意団体が「松原通を活性化したい」、「松原通に祇園祭の山鉾巡行を復活したい」という漠然とした参加者の想いを実現するために開催しました。大切なことは、「これが出来たらいいなぁ、したいなぁ」と、言っているだけの会議から、実際の目標に向けて行動するための会議にすることです。

▼この事例で伝えたいこと
- 年齢が高い方でもじっくり説明すれば、自分たちのやりたいことが実行できること
- コーディネーターが親身につきあえば、絆が生まれて、お互いの関係性が向上すること
- やりたいことが決まり「実行」するにあたって、コーディネーターの役割が必要

▼詳細内容・プロセス
▽狙い
　「松原フューチャーセッション」の目的は、今までの活動に縁がなかった人たち（企業や商店）に参加してもらうことです。主催団体である松原通界隈活性化活動プロジェクト委員会（以下松原PJ）は、京都市下京区洛央小学校を形成する7つの元学区の地縁団体の幹部を中心に構成された組織です。委員の年齢層が高く、各種団体、警察、消防など行政機関との連携は得意ですが、松原通の商店街や伝統産業の老舗には縁がなく、客として訪れたことはあるが、お付き合いはないというのが実情でした。しかし、松原PJの活動目的が「松原通の活性化」である以上、これらの人たちとの連携は必須条件です。そのため、関心を持ってもらえるテーマの選択と、参加してもらいやすい手法ということでフューチャーセッションを行うことにしました。

▽プログラム

　セッションは、「インタビュー、ワールド・カフェ、松原通のお店のものを食べてみる、OST」の順で行いました。

　お互いを知るためのインタビューは、年齢層が高い参加者（約40人）にとっては苦痛だったらしく、相手の話を記述するだけで精一杯だったのですが、松原通の店舗から買い集めた「焼き芋」、「たこ焼き」、「パン」、「漬物」、「コロッケ」を食べながら話すと解放されたようによく話すことができました。次のOSTでは、大学生の提案にも楽に応じ話すことができ、自らアイデアを提案してくれました。

▽OSTで生まれた企画
　・夜店の復活
　・職人めぐり
　・松原橋の木造化
　・松原通にこれありというものを生み出す
　・伝統工芸ワークショップ
　・空き家の活用

図1）洛央小学校で開催された松原フューチャーセッション

▽セッション全体での反省点と課題
　・松原通の企業、商店主の参加者（3名）が少なかったこと。
　・声かけが十分ではなかったこと。
　・興味をそそるようなフライヤー（チラシ）が用意できなかったこと。

▽OSTで生まれた企画を実現する
　・6つのテーマごとに構成されたグループを1つずつ回って話を聞く。
　・やりたい内容を「単発的なもの」（イベント系）と「長期的なもの」（商品開発など）に分け、やりやすいものから始めました。

▽「松原通の駅」の実行

　OST提案者の合同会議においてホワイトボード・ミーティング®を行いました。その中で「夜店の復活」、「職人めぐり」、「伝統工芸ワークショップ」を一

図2）松原通の駅
洛西のタケノコや地元商店街のお弁当などを販売

体化して「松原通の駅」として行うことになりました。提案者のイメージは「夜店」の再現、手作り市のような人に出店してもらいたい、道の駅のように新鮮な野菜を売りたい、松原通の商店のものを集めて売りたい、松原通の商店とつながりたいなど漠然としたものです。これを具体化するために、「新鮮な野菜」なら、簡単には手に入らない付加価値があるもの、地域住民が行う地域のまちづくりイベントなので、京都の地域づくりに関わる農業団体さんから野菜を提供してもらうというように連想ゲームのようにストーリー付けをしながら具体化していきました。

「職人めぐり」と「伝統工芸ワークショップ」は、関連イベントとして、同日に開催しました。提案者である京都大学の学生、染料店と表具店の店主の方に講師をお願いして体験型イベントとして実施しました。

これらの企画を進めるためのコーディネーターの役割は、「松原通の駅」のスタイルが決まると、参加者が希望する連携先とコンタクトをとることです。相手先との交渉は松原PJの方にしていただきますが、その前の段階で連携先を探して、相手先に事業に興味を持ってもらえるように話を持っていくことです。今回は、松原京極商店街の音楽イベントと東山区の「松原通元気市」をつなげて西は大宮通、東は東大路通まで松原通をスタンプラリーでつなぐことに成功しました。お互いの活動を全く知らなかった団体が、それぞれの活動を知る機会となりました。

▽「松原通にこれありというものを生み出す」プロジェクトの実行

本プロジェクトは、松原通が持つ文化歴史を盛り込んだ商品を開発することです。目的は、商品を通じて松原通のことを知ってもらうこと、通りの知名度を上げること、松原PJの活動費を得ることです。

実施に際して大切にしたいのは、次の4点です。

・楽しくやってもらうこと。
・松原通の商店とつながるきっかけにすること。
・若い購買層に人気のある商品を開発すること。
・連携先の商店（老舗）は松原通界隈、もしくは下京区から選ぶこと。

上記の決め事を確認しながら、ホワイトボード・ミーティング®を使って決めていきました。その結果、知名度の高い地元の有名なパン屋と共同開発した「松原パン」と、下京区でビール醸造所を運営されている京都ビアラボとコラボした「松原ビール」を商品化しました。「松原ビール」の開発では、松原通の商店の方が積極的に関わり、ビールのラベルのデザインと紹介カードを作成しました。

図3）松原ビール「お囃子」と「夕顔」
共に松原通に因む行事と文学作品から命名

▼留意点

　この事業は、下京区役所から依頼された地域活性化を目指す任意団体の運営補助です。無期限の仕事ではありません。コーディネーター（ファシリテーター）の役割を担う人材が地域から生まれるようにしなくてはいけません。松原PJが独り歩きできるように、仕組みを作っていくのが、コーディネーターにとって最も大切な仕事です。

（天岡昌代）

＊＊＊＊＊＊＊＊＊＊＊＊＊＊＊＊＊＊＊＊＊＊＊＊＊＊＊＊＊＊＊＊＊＊＊＊＊

（参考）
　フューチャーセッション（42頁）、インタビュー（24頁）、ワールド・カフェ（32頁）、オープン・スペース・テクノロジー（OST）（36頁）、ホワイトボード・ミーティング®（48頁）。

〈産業振興、商品開発〉

つながる・ひろがる・うごきだす　中京クーチャーセンター
~フューチャーセッションを通じたイチバンボシギフト（中京区版）の創出~

▼概要

　京都市中京区役所では、2016年4月から中京クーチャーセンター（以下；センター）が設置され、社会課題の解決等に主体的に取り組む個人・団体からの相談に対して、フューチャーセッション（以下；セッション）による支援が行われています。名称には、対話を通じて区の未来を創る場（区＋未来＝クーチャー）の意味が込められています。

図1）新生児の家族にイチバンボシギフト（お野菜Box）を無償で届ける仕組みを構築

　「イチバンボシギフト中京区版（以下；ギフト中京）」が創出されたフューチャーセッションの事例からは、非営利組織、社会的企業、行政が価値共有しながら、協働関係を構築するプロセスデザインを紹介します。なお、筆者は、京都市まちづくりアドバイザーの立場でセンターディレクター兼ファシリテーターとして関わりました。

▼この事例で伝えたいこと
・参加者同士の相互理解と信頼関係構築の工夫
・課題解決やアクション創出につながるプロセスデザイン

表1）中京クーチャーセンターの特徴等

【特徴】	【生み出すもの】
①相談内容や課題に応じた専門家の招集 　学識経験者や中間支援者、実践者等を対話の場に招集し、課題解決やアクション創出を専門的見地から後押し ②協創のつながり 　参加者同士が、継続して協力・連携できる関係性の構築 ③まち全体がフューチャーセッションの会場 　区役所の会議室だけでなく、コワーキングスペースなど様々な場所でセッションを開催	①ひろがる 　対話とマッチングによる新しいネットワークの構築 ②うみだす 　新しいアクションや課題解決の仕組みの創出 ③つながる 　地域課題の解決やまちづくりに取り組む主体と中京区役所との協働関係の構築

▼詳細内容・プロセス
▽「ギフト中京」の概要とセッションに至る背景
　「ギフト中京」とは、0歳児の誕生を祝し、その家族に社会的企業が提供す

るギフトを届けるプロジェクトです。「イチバンボシギフト実行委員会（以下；実行委員会）」と持続可能な農業の普及活動に取り組む（株）坂ノ途中、中京区役所が協働関係を構築し、お野菜Boxをギフトとして区民に届ける仕組みをつくりました。2016年8月から開始し、282組の親子にギフトを届けています（2017年3月時点）。

　当初、実行委員会は、「ギフト中京」の実現に向け、区役所の関係部署に協力の相談を持ちかけましたが、企業と行政の連携のあり方、ギフトを届ける仕組みの構築等に区役所がハードルを感じ、前進は難しい状況でした。そのため、実行委員会はアプローチを変え、区役所内のセンターを活用し、関係者だけでなく、専門家とファシリテーターを加えたセッションを重ねることとしました。

図2）セッションを通じた創出プロセス
注）●◎等は、参加者を表す。後述のフューチャーセッションの参加者を参照

　セッションを通じ、参加者同士が協力して行動できる関係を構築することによって、「ギフト中京」が実現しました。

▽フューチャーセッションの内容
①問いの設定
「0歳児の誕生を祝し、その家族にギフトを届ける仕組みをどう構築するか」

②参加者
【ファシリテーター】京都市まちづくりアドバイザー（▲）
【相　　談　　者】イチバンボシギフト実行委員会 事務局（◎）
　　　　　　　　　社会的企業（株式会社 坂ノ途中）（●）
　　　　　　　　　京都市 産業観光局 中小企業振興課（●）
【専　　門　　家】京都市ソーシャルイノベーション研究所（◆）
【事　　務　　局】中京区地域力推進室（■）

③フューチャーセッションのプログラム
・「ギフト中京」の創出に向け、全3回（各90分）のセッションを開催しました。
・ファシリテーターが、創出（ゴール）までのプロセス全体をイメージしつつ、

そのステップとなるセッションごとに議題（問い）、到達点を設定し、プログラムをつくりました。

【第1回フューチャーセッション（2016年5月11日）】
議題：「イチバンボシギフトの理念や実現したい未来の共有」
目標：参加者等の相互理解と信頼関係の構築

【第2回フューチャーセッション（6月3日）】
議題：親子への提供の仕組みの検討
目標：アイデア出しと合意形成、協働関係の構築

【第3回フューチャーセッション（6月29日）】
議題：ギフトチケットの内容・デザインの検討
目標：アイデア出しと合意形成、アクションの創出

【第1回のプログラム】（90分）
1. 本日の到達点とプログラムについて（5分）
2. チェックイン「自己紹介と今の気持ち」（10分）
3. 「イチバンボシギフト」の理念等の共有（25分）
4. 「ギフト中京」のイメージ共有（20分）
5. 「ギフト中京」を通じて期待する成果（20分）
6. チェックアウト（10分）

図3）フューチャーセッション（全3回）の流れ
注）目標は、ファシリテーターとしての目標を指す。

第1回：イチバンボシギフトの理念や実現したい未来の共有
　初期段階では、アイデアを出し合うことよりも、参加者の相互理解や信頼構築が大切になります。そこで、第1回は、イチバンボシギフトの取り組みの理解を深めること、参加者同士の信頼・協働関係を築くことを目標にしました。参加者は、非営利組織、社会的企業、行政というようにセクターが異なります。そのため、組織の行動基準、価値判断等の違いを踏まえつつ、手を取り合えるポイントを見出すことが重要でした。
　セッションでは、信頼関係の構築から始めました。最初にチェックインを行い、自己紹介と「今の率直な気持ちや期待すること」を参加者1人ひとりに簡潔に話してもらうことで、緊張感の緩和や発言しやすい雰囲気をつくりました。そのうえで、ストーリーテリングを行い、「課題に対してどのような想いを抱いているのか」、「取り組んだ先にあるのはどのような社会か」について相談者（実行委員会）に深く語ってもらうことで想いの共有を図りました。相談者の生き生きとした語りと「子どもたちに安心・安全に暮らすことができる未来を届けたい」という強い想いが、参加者の共感を生みました。振り返るとここが参加者の協働関係を育むキーとなった場面でした。一方で、参加者は理念への共感だけでなく、互いの所属する組織として、何らかの成果や目標達成が明確でなければ、行動をともにすることができません。そのため、「ギフト中京」を通じて期待する成果を参加者で共有しました。具体的には、実行委員会が、イチバンボシギフトの理念を伝える機会・対象の拡大を、坂ノ途中が、自社の理念の浸透を、そして、区役所が、「子育てがしやすいまち、子育てが楽しいまち中京区」の実現を期待していることがわかりました。共有の後、ファシリ

テーターから「では、一緒にやっていきますか。」と投げ掛けを行い、全員から「ギフト中京」に協働で取り組むことに対する賛同を得ました。

第2回：親子への提供の仕組みの検討
　第2回は、「ギフトをどのようにして親子に届けるか」の問いのもと、出生情報の把握、届ける手段などギフト提供に要するプロセスを整理しました。その上で、参加者に貢献できるリソースを出してもらい、互いの強みを踏まえた役割分担を行いました（表2）。例えば、届ける手段の検討では、坂ノ途中から自社配達便の活用の提案があり、既存リソースをギフト提供にいかすことができました。ファシリテーターは、オープン・クエスチョン等で意見を引き出し、参加者が納得のいく仕組みづくりをサポートしました。

表2）仕組み構築のために各主体が提供したリソース等

実行委員会	・「ギフト中京」の理念をわかりやすく伝える絵本の作成
㈱坂ノ途中	・ギフト（お野菜Box）の無償提供
	・ギフトを届ける手段として、自社の配達便の活用を提案
	・ギフトチケットのデザイン
中京区役所	・出生届の届出時にギフトチケットを配布するための部署間調整

第3回：ギフトチケットの内容・デザインの検討
　第3回は、配布するギフトチケット内容・デザインについて、アイデアを出し合いながら検討しました。このように3回のセッションで、ギフト提供の仕組みを構築し、2016年8月の開始に至りました。

▼事例から何が学べるか
　ファシリテーターが、対話の場づくりを通じて"小さな"社会変革を起こしうる可能性

（深川光耀）

＊＊＊＊＊＊＊＊＊＊＊＊＊＊＊＊＊＊＊＊＊＊＊＊＊＊＊＊＊＊＊＊＊＊＊＊

〈用いた手法〉
　フューチャーセッション（42頁）、チェックイン（22頁）、チェックアウト（22頁）、アイスブレイク（23頁）、ストーリーテリング（28頁）、オープン・クエスチョン（62頁）、クローズド・クエスチョン（62頁）、グラフィック・ファシリテーション（50頁）

〈参考〉
野村恭彦『イノベーション・ファシリテーター――3カ月で社会を変えるための思想と実践』（プレジデント社、2015年）

〈産業振興、商品開発〉

ながらスマホを減らすための商品開発
~デザイン思考を用いたコンセプトづくり~

▼概要
　京都の企業の有志4社でデザイン思考の手法を用いて商品開発を行う実践型研究会を開催しました。研究会は、デザイン思考のプロセスをより現実に近い形で体感することで、参加者自身の学びを深め、自らの現場で実践するために実施した取り組みです。

▼この事例で伝えたいこと
・ユーザー（人間）中心主義に馴染む
・プロトタイピング的態度（まずはやってみてその結果を次に活かす）を身につける
・アイデア創出におけるプロセスを組み立てる

▼詳細内容・プロセス
▽デザイン思考の特徴と5つのステップ
　ここでいうデザインは、図面を書いたり、何かを形づくったりということだけを指していません。ユーザーのニーズや困りごとを解決することで、より良い体験を実現するために行う総合的な構想と設計行為を指してデザインと呼んでいます。そして、この行為を人間中心的、プロトタイピング的態度で行うのがデザイン思考の特徴です。デザイン思考にはもう1つ特徴があります。それは「共感」、「問題定義」、「創造」、「試作」、「評価」という5つのステップ（図2）

図1）短期的にサイクルを回す螺旋のプロセス

図2）デザイン思考の5つのステップ（出典：スタンフォード大学ハッソ・プラットナー・デザイン研究所 5 steps)

によってプロセスが構成されているということです。研究会ではこのプロセスを実施しました。

▽研究会のプロセス

第1回「テーマを決めユーザーを特定する」(210分)

本来商品開発の現場では、それぞれの企業の理念やビジョンに沿って、大きなテーマが決まります。しかし、今回は有志の企業が集まった体験の場であることから、テーマとユーザーを話し合いによって決めることから始めました。

テーマは「移動しながら（運転しながらや歩きながら）のスマートフォンによるリスクを解決するソリューション」でした。ユーザーについては、「移動しながらスマートフォンを使っている人」、「移動しながらのスマートフォン使用に危険を感じた人」の2つを対象にスタートしました。

①チェックイン、②テーマ出し個人（20行法）→テーマの決定（ダイアログ）、③ユーザーの特定（ダイアログ）、④フィールドワーク（ユーザーインタビュー）の準備、⑤振り返り、⑥チェックアウト

第2回「ユーザーに共感し、問題を定義する」(210分)

最初のステップは、ユーザーへの共感です。観察やインタビューによって取り組むことが多いこのステップでは、ユーザーになりきることから始めます。本人も気づいていない真のニーズや感情に迫ることが目標です。「共感」の次は「問題定義」です。共感で得た情報（ニーズ・感情）から問題を明らかにし、文章に落とし込みます。問題定義文をつくる時は、情報の中から、面白いものや予期しなかったものに注目します。

研究会では、ユーザーに共感するために、実際に人通りの多い場所に赴き、道を行き交う人に声を掛けインタビューを実施しました。その後、「移動しながらのスマートフォン使用に危険を感じた人」にユーザーを絞り以下の問題定義文を作成しました。

・問題定義：「移動しながらのスマートフォン使用に危険を感じた人は事前に使っている人に対して、存在を知らせる方法が必要だった。なぜなら、知ら

ない人と関わることで、トラブルに巻き込まれたくないから」
①チェックイン、②町に出てインタビュー、③インタビューで見てきたこと、聞いたことの共有（共感マップ）、④問題定議文の作成（ダイアログ）、⑤振り返り、⑥チェックアウト

第3回「問題定義文を基にアイデアを出し、試作する」（210分）
次のステップは、創造（アイデア出し）です。アイデアを出す場面では、質ではなく量を重視します。アイデア出しで重要なことは、正解ではなく、たくさんの可能性を出すことです。ここで出たアイデアを体験できるように形にするのが、試作です。
私たちは、ブレインストーミングと反転増幅法によってアイデアを出しました。ここで出てきたアイデアの中から、良さそうなアイデアを個人で形にし、共有しました。
①チェックイン、②アイデア創出（ブレインストーミング・反転増幅法）、③プロトタイピング（アイデアスケッチ、模型づくり）、④振り返り、⑤チェックアウト

第4回「プロトタイプの評価を基に次のサイクルに入る」（210分）
試作の次は、評価（次のステップを決めるために学びを得る）です。試作したものが使えるか、使えないかは重要ではありません。
研究会では、評価の結果、ユーザー選定からやり直すことになりました。ながらスマホをしない人がユーザーになりえないことがわかったからです。私たちは、自分の興味に引っ張られ、ユーザーになりきることができていなかったのです。そこで、「移動しながらスマートフォンを使っている人」にユーザー設定を変更し、再度5つのステップに取り組みました。
①チェックイン、②評価、③問題定義文の作成（ダイアログ）、④アイデア創出（ブレインライティング）、⑤プロトタイピング（模型作り、寸劇）、⑥チェックアウト

第5回「コンセプトとしてまとめる」（210分）
商品開発における最後の作業は、コンセプトをまとめる作業です。商品開発において、デザイン思考でできるのはここまでです。

研究会ではコンセプトシートをアウトプットとして作成しましたが、次の工程を見据えてアウトプットを考えることが重要です。
①チェックイン、②前回のプロトタイプの評価、③アイデア創出（マンダラート）、④プロトタイピング（模型作り）、⑤評価、⑥まとめ（コンセプトシート）、⑦チェックアウト

▼この事例から何を学べること
▽ユーザー（人間）中心主義に馴染む
　事例では、ユーザーになりきれなかった事例を紹介しています。これは、参加者が夢中になればなるほど起こりやすくなります。私たちファシリテーターに求められることは、常にユーザーになりきれるようプロセスを設計し、ファシリテーションしていくことです。そのためには、私たちファシリテーターがユーザー（人間）中心のあり方を身につけることが必要です。

▽プロトタイピング的態度を身につける
　デザイン思考では、ステップの最後に評価をし、プロセスの途中で評価することを避けています。しかし、評価への欲求はいたるところで顔を出します。プロセスの途中での評価は思考と手を止めます。「間違っているかもしれない」や「これで良いのか」、「これが正解ではないかもしれない」などの言葉が評価以外の場面で出てきた時は、素早くプロトタイプまで進めることが重要です。

▽アイデア創出におけるプロセスを組み立てる
　新しい発想を生み出すためには、まず頭の中にあるものを全て出す作業が必要です。新しい発想にたどり着くためには、既存の発想を全て出した上で、そこにはない新しいものを探す作業です。新しいアイデアを創出する場面では、手法ではなく、プロセスに注目することが新しいアイデアに到達する近道です。

（荒川崇志）

＊＊

(用いた手法)
　ブレインストーミング（26頁）
　20行法、共感マップ、反転増幅法、ブレインライティング、マンダラート、アイデアスケッチ、模型づくり、寸劇

〈産業振興、商品開発〉

福祉作業所のデザイン力を高めるセミナー
～「関係の質」を変えるチェックインとチェックアウト～

▼概　要
　2014年度より始まった「たんごアート＆デザインプロジェクト」は、京都府北部の２市２町（京丹後市、宮津市、与謝野町、伊根町）の福祉事業所と京都工芸繊維大学などが連携協力してデザイン価値を共創し、福祉作業所の新商品を提案するプロジェクトです。このプロジェクトの一環として、福祉作業所のデザイン力を磨くためのセミナーが実施されました。
　2017年11月から2018年２月にかけて実施されたセミナーには、京丹後市と宮津市の８つの福祉作業所から商品づくりに関わる約20名が参加しました。プログラムのデザインとファシリテーターを筆者が担当し、加えてデザイナー２名が講師となり場を作りました。

▼この事例で伝えたいこと
・本題に入る前の気持ちを共有するチェックインと終わりに気づきを共有するチェックアウトは、とても大切であること
・「関係の質」を変えることで仕事が楽しくなり、共に取り組む関係者の力を引き出せること
・準備したプログラムが的はずれだと気づいた時は、勇気を持って修正すること

▼詳細内容・プロセス
▽ねらいと全体の構成
　本セミナーは福祉作業所の商品の売り上げを伸ばすために、スタッフのデザイン力を養成することを目的として企画されました。そこで、計３回のセミナーでは、具体的な商品デザインの改善案を作る過程を通して、スタッフのデザインに関わる知識を深め技術を高めることを目指しました。しかし、１回目を開催し、当初のプログラムが的はずれであることに気づき、大きく修正して２回、３回を実施しました。修正したプログラムは、表面的な色や形のデザインに関わる知識や技術に焦点を置くのではなく、より本質的なデザインの意味や価値を学び、コンセプトの重要性と作り方を体験的に学ぶものにしました。

そして、1回ごとのセミナーでは、スタッフ間のより良い「関係の質」を形成するためにチェックインとチェックアウトを大切に行いました。

▽恐れずプログラムを修正する
　当初、問題を「売り上げが伸びない」、「商品の色・カタチがよくない」ことに設定し、要因として「スタッフにデザイン力がない」ことに注目しました。そこで、「デザインを学び、知識をつける」ことで「商品をブラッシュアップする」ことを目指しました。しかし、1回目を終えた時点で、より深いところの要因として福祉作業所内で「商品づくりの意味と価値が共有されていない」ことに気づきました。修正後は「コンセプトづくり」と「スタッフや関係者が思いや考えを共有する」ことに重点を置いたプログラムにしました。2回目と3回目は、チェックインとチェックアウトを重視して丁寧に行うとともに、知識や技術を学ぶことより、コンセプトや商品について参加者同士が話し合うことを大切にしました。

▽修正後の計3回のプログラム
第1回　2017年11月28日（火）13:30-15:30〈120分〉
事例を通して学んでみよう〜実際製作している製品を各作業所から持ち寄り事例を通して学ぶ
目的・目標
・現状の強みと問題を明らかにする。共有する。
・デザインの目的や重要性を学ぶ。考える。
第2回　2018年1月30日（火）13:30-15:30〈120分〉
コンセプトを考える。つくる。〜作業所のアイデンティティを考えコンセプトを練る。カタチに展開する。
目的・目標
・デザインの目的や重要性を学ぶ。考える。
・「コンセプト」の重要性と作り方を学ぶ。つくる。
第3回　2017年2月19日（月）13:30-15:30〈120分〉
コンセプトからカタチへ〜学びから改善された製品を持ち寄る。成果を共有する。
目的・目標
・デザインの目的や重要性を学ぶ。考える。

・コンセプトをカタチに展開するデザインのプロセスを学ぶ。
・次年度からの取り組みを描く。

▽「関係の質」を変えるチェックインとチェックアウト

　ワークショップの導入とまとめで良く活用されるワークにチェックインとチェックアウトがあります。チェックインは、その場に安心して参加し、リラックスした気持ちで楽しく創造的に話し合いができるように導入で行われます。チェックアウトは、終わりにその場を振り返って、成果や気づきを共有するとともに言葉にすることで深くかえりみることができます。この実践では、チェックインとチェックアウトを大切にして丁寧に行うことで参加者の意識に変化が起き職場内でのスタッフ間の「関係の質」に変化が生まれ、結果的に商品づくりが改善されました。

　特別なチェックインやチェックアウトを行ったわけではありません。チェックインとチェックアウトの問いは次の通りでごく一般的なものです。ただ、きっちりプログラムに組込み、時間をかけて丁寧に行っただけなのです。この経験から、ファシリテーターがチェックインとチェックアウトの価値に気づき理解していることが最も重要なことではないかと考えます。

　チェックイン（「自己紹介」として行う）
　①お名前・お住まい　②ご所属　③好きな食べもの（第１回）、24時間以内でうれしかったこと。（第２回、第３回）　④今の気持ち
　チェックアウト（「振り返り〜気づきの共有」として行う）
　①新たに気づいたこと　②大切だと感じたこと　③みんなに伝えたいことなど

円になって行ったチェックインの様子

▽参加者の意識の変化

　参加者の意識の変化を各回のチェックアウトより「関係」に関わる言葉から読み解いて見ました。第１回目では、利用者とスタッフの関係や事業所間の関係について「利用者の能力を、うまく引き出し、世の中に出していけたらよ

い」、「他の事業所と意見を交換、共有し、コラボできたらよい」など、関係が大切であることの気づきが得られていました。第2回目になると、「他の事業所と思いの共有ができた」、「作業所内で同じ目標で、コミュニケーションを持てているか」など、もう一歩進み実際に思いを共有したり、自らの職場の問題にまで言及していました。そして、第3回目には、「職員全体で、1つの商品について考える、意見を出し合うという作業ができ充実した1ヶ月だった」と、第2回目のセミナー以降の福祉作業所内では、商品づくりのためのコミュニケーションが活発に行われていました。「関係の質」に変化が生まれたのでした。

▼この事例から何が学べるか

　この事例から大きく2つのことが学べます。

　1つは、チェックイン、チェックアウトは創造的な場を作るためにとても大切であることです。丁寧に行うことで「関係の質」を変えることもできます。しかし、概ねワークショップ等に与えられた時間は限られていますので課題達成に直接つながるワークを優先して、ついつい導入にあたるチェックインとまとめのチェックアウトの時間を削りがちです。プログラムでは十分時間を取っていても実施の際に時間が不足してチェックアウトができないこともあります。また、ワークショップの体験が乏しいクライアントは、チェックインとチェックアウトの重要性を理解することが難しい場合もあります。丁寧に根気よく意味と価値を伝えて理解を得る必要があります。何よりファシリテーターが自らの体験からその価値を十分理解しておくことが重要です。

　もう1つは、今回のようなスキルアップ等に関わる研修において、プログラムをデザインする前に対象となる組織や事業の現状を十分把握し課題を明確にしておくことです。ただ、いくら周到な準備をしても、見立てがずれることは起こり得ます。そんな時、プログラムを始めてから最初の見立てが違っていたと気づいた時には、クライアントと十分相談してプログラムの修正を検討することも重要です。

（谷口知弘）

****

（用いた手法）
　チェックイン（22頁）、チェックアウト（22頁）

〈組織運営・改革〉

上京安心安全絆工房
～行政と地域活動団体が100人集まって行うワークショップ～

▼概　要

　「世界一安心安全・おもてなしのまち京都　市民ぐるみ推進運動」上京区推進協議会は、内に防犯対策部会、防災・環境整備部会、交通安全部会の3つの専門部会を設けており、地域、各種団体、学校、行政等42団体がいずれかに参加しています。上京安心安全絆工房（以下、絆工房）は、これらの団体から約100名が集まり、各自の活動内容や課題を出し合い、それぞれの所属する組織の連携強化を図る場として年1回開催しています。全体を統括し進行するファシリテーター役は、京都市まちづくりアドバイザーが担います。

▼この事例で伝えたいこと
・ワークショップに慣れていない約100人で行うワークショップ方法
・ファシリテーションに不慣れな人が安心して進行できる工夫
・参加者が満足感を持って帰れる工夫

▼詳細内容・プロセス
▽ねらいと全体の構成
　絆工房の目的は、1年間の上京区推進協議会の全体の取組みの振り返りから課題を抽出し、その課題解決のためのアイデアを出し合い、それを翌年度の活動にいかすことです。参加者が全体的に高齢であること、強い思いを持った人達であることから、絆工房では限られた時間内で思いをアイデアとしてまとめて発表する工夫が必要です。一方でテーブルファシリテーターは、区役所職員、警察、消防署員とファシリテーションに不慣れな人達が行います。このような人たちが安心して話し合い、スムーズに進行するため、
　①ワークショップ手法の選択（参加者層、会場条件から）
　②テーブルメンバーの編成（アイデアが出しやすいメンバーの編成）
　③目的の共有と「問い」の選択
　④場の雰囲気を壊さず、発表内容を次につなげる工夫
　⑤参加満足度をあげる工夫　等

全体統括のファシリテーターがワークショップデザインを行いました。

1）ワークショップ手法の選択（参加者層、会場条件から）

参加者が満足に話をするためには、1テーブル当たりの人数を少なくし、1人あたりの話せる時間を確保する必要があります。また、イスだけを配置し膝上に円型のボードを置いて話をする「えんたくん」を使用することで、参加者同士の物理的な距離が近くなり、高齢な方もお互いの声が聞きやすいという利点があります。

図1）えんたくんを使用する参加者

2）テーブルメンバーの編成（アイデアが出しやすいメンバーの編成）

参加者名簿があると、事前にテーブルメンバーを編成することが可能です。三部会の合同開催であることから、情報やアイデアに偏りが出ないようそれぞれの部会から人を配置すること、どのテーブルにも女性が入ること、場を和ませアイデアを出してくれそうな人が入るよう気を配ります。1テーブルに、参加者5名とテーブルファシリテーター1名を配しています。

3）目的の共有と「問い」の選択

参加者全員に、1年間の振り返りと課題抽出、この場の目的、今回話し合う「問い」、ワークショップの進め方の説明を行います。短い時間でアイデアを出して発表するために、今回の「問い」は『「毎月25日は上京の安心安全点検日」の認知度アップ』のアイデアを考える、というわかりやすいものにしています。同時に、ターゲットをA子ども、B学生、C大人、Dシニアと選択制にすることでアイデアが具体化するよう意識してもらいました。

4）場の雰囲気を壊さず、発表内容を次につなげる工夫

テーブルファシリテーター役の職員・署員には、役割、手順、注意事項をA4サイズ1枚の資料として渡し、口頭で15分ほどの事前打ち合わせを行っています。役割が多いと混乱するのでポイントは絞り、特に重要なものとして、

図2) グラフィック・レコーディングの内容(京都女子大学 あるがゆうさん(当時))

テーブルでの話し合いの後、各テーブルに配布したＡ３サイズの用紙に、班、アイデアのタイトル、ターゲット、アイデアの目的・方法を、テーブルファシリテーターが記入し、その内容を発表してもらいました。そして、発表後すぐ用紙を壁面に張り出します。今回は16テーブルの発表を共有するので、各テーブル1～2分の発表で、参加者は30分強の間、発表を聞き続けるしんどさがあります。そこで、グラフィッカーの方に、壁面の用紙をもとに、発表内容をグラフィックにまとめて描いてもらいました。参加者は、自分たちのアイデアが描かれる楽しみがあり、他の発表を聞きながら絵を見ることもできます。

5）参加満足度をあげる工夫

参加者は発表したアイデアがどう活用されるかで、翌年の絆工房への参加意欲が変わります。そこで各テーブルのアイデアが具体化するため、さらに提供できる情報等を出し合う時間を設け、先着5テーブルから、すぐに動きそうな具体的アイデアを発表してもらいました。ワークショップで出たアイデアが、翌年度の事業に生きるというプロセスの明確化により、参加者も意欲的に意見を出しました。そして参加者は、自発的にグラフィック・レコーディングをスマホで写真撮影して帰ったことから、今回のワークショップの成果物として、グラフィック・レコーディングは役立ったことがわかります。

▼この事例から何が学べるか

全体進行のファシリテーターは、各テーブルの様子、進行状況等を把握したうえで時間調整が必要です。不慣れなテーブルファシリテーターとワークショップを進めるためには、目的、進め方をしっかりと共有するサポート役の人もいると安心です。テーブルファシリテーターも含めた全体で、チームファシリテーションを行っていることを意識すると良いでしょう。

（松井朋子）

＊＊＊＊＊＊＊＊＊＊＊＊＊＊＊＊＊＊＊＊＊＊＊＊＊＊＊＊＊＊＊＊＊＊＊＊＊＊

(用いた手法)
　グラフィック・ファシリテーション（50頁）
　グラフィック・レコーディング

〈組織運営・改革〉

授業、執行部会議での大規模ワークショップ
～1,000人が能動的に学ぶ力を身に付ける・大学ビジョンを
ワークショップで策定～

▼概　要
　大学改革を進める東京工業大学では、2016年度からリベラルアーツ研究教育院を開設し、コミュニケーション力を育み能動的に学ぶ能力を高める取り組みを進めています。その中心は1,100人もの1回生が著名人からの講義を受講し、その内容をワークショップ手法で共有する授業「東工大立志プロジェクト」です。この取り組みに併せて、世界最高の理工系総合大学を目指す「2030年ビジョン」の策定に際して、学長をトップに全学院長や事務長等が熱く語り合える場づくりなどをワークショップ形式で進めてきました。

▼この事例で伝えたいこと
・約1,000人の学生を対象にした、コミュニケーション力を育む授業のつくり方
・授業を担当する教員への模擬授業、授業後に状況・課題を共有する重要性
・ビジョン策定での議論をまとめる際に、表現の質の高さを意識する必要性

▼詳細内容・プロセス
▽東工大立志プロジェクト
　東工大では、2016年4月から大学改革が本格的に始動しました。長年の準備を経て、人間性・社会性・創造性を養い、大志を抱いてもらうべく、リベラルアーツ研究教育院（ILA）が発足し、新カリキュラムによる教育が開始されました。
　中心は「東工大立志プロジェクト」。これは新入生の第1クォーターの必修授業で、週2回の授業が8週間続きます。木曜に大講堂で午前午後に約550人ずつの学生が、ジャーナリスト池上彰氏（東工大特命教授）に始まる各界で活躍するゲストの講義を聴きます。上田紀行リベラルアーツ研究教育院長が司会を務め、導入と最後の質疑応答を盛り上げます。学生は、宿題で、講義のサマリー（要約）とレスポンス（応答＝話を聴いて感じ考えたこと）を書き、月曜の少人数クラスに持ち寄ります。1クラス約28人で40クラス、午前午後20クラスずつを、約30人の教員が手分けして担当します。

私のクラスでは、机を全て教室の端に寄せてスペースを作り、椅子だけで輪になって座り、全員が一言話すチェックインから始め、人前で話すことに慣れていきます。

　それから４人組の小グループに分かれます。拠点となる「ホームグループ」を作り、まずはその４人で、直径80cmの円形ダンボール板「えんたくん」を膝に乗せて囲んで座ります。円卓のおかげで物理的にも心理的にも距離が近づくことができます。顔合わせをしてから、宿題①サマリー（要約）を共有し話し合います。講堂で同じ話を聴いても、それぞれ印象に残ることは違い、わからなかったことを誰かが解説してくれたりもします。「へぇ～、そういう捉え方もあるのか」と驚きながら自分とは違う視点に気づいていきます。

　20分ほどで席替えをして、新しい仲間と、宿題②レスポンス（応答）で「話を聴いて感じたこと、考えたこと」を共有し対話を重ねます。さらに多様な考え方に触れ、自分の世界も相対化され、それぞれの世界が自然に広がることになります。最後に各グループで盛り上がったことを全体で共有したり、１つの輪に戻って教員も加わり、質疑応答や皆で自由に話し合ったりもします。

　「立志プロジェクト」は、このように講義とグループワークを繰り返しながら、８週間積み重ねていきます。途中で、課題図書から読みたい本を選んで「書評」を書くセッションも開催します。下書きについて助言し合う「ピアレビュー」も経験します。そして最終回は、この授業を通しての学びをグループごとに３つにまとめて発表し、各自の現時点での「志」を皆の前でプレゼンテーションして終了となります。

　入学直後に、このようなグループワークを皆が体験する中で、聞くだけの受身的な姿勢でなく、お互いに能動的に学び合う場が出現してくることにつながります。まさにアクティブ・ラーニングです。「コミュニケーションは苦手」と思っていた理工系の学生たちも、対話することのおもしろさを知り、他者への関心も高まり、相互作用の中で学習や人生への意欲も高まります。おかげで、「立志プロジェクトが始まってからキャンパスが明るくなった」と語る上級生もいます。研究にしろ、就職にしろ、多様な人々と協働や共創していくことは不可欠で、そのためのコミュニケーション力が確実に身につくことになります。

　教員たちも、少人数クラス終了直後に「立志カフェ」に集まり、自分のクラスでの様子を報告し、課題を共有し、対策を話し合います。新学期の直前に２日間の教員研修で、講義と少人数クラスを模擬体験し、ファシリテーションの

やり方を学んでから各クラスを担当しますが、やってみると予想外のことがたくさん起こります。だから現場の生のケースを授業直後に教員同士で語り合える場は貴重です。ファシリテーターが育ち合う養成の場としても効果的といえます。

このような参加型授業は、修士課程や博士課程でも展開されています。

▽執行部のビジョン・ワークショップ

2016年の秋、「世界最高の理工系総合大学」という大目標に向けて、大学執行部が「2030年ビジョン」を描く必要がありました。「会議よりワークショップの方がいい」と上田院長が執行部に働きかけ、3時間半のワークシップが実現しました。

学長、副学長、全学院長、事務トップらスーツ姿の40名ほどが参加（私もさすがに緊張）。オリエンテーションから導入ワーク、共有すべき情報を共有してから、ここでも立志プロジェクトで活躍する「えんたくん」を使ったワールド・カフェ。東工大の強みや未来社会に提供できる価値などについて、4人組の対話を重ねました。始まると、普段の会議の堅い雰囲気とはガラッと変わり、どのグループも楽しそうに熱く語り合う場となりました。最後はまとめのフォーマットに整理し、発表し、全員の思いが共有されたところで終了。後日改めてまとめのワークショップを開催。さらに年末には中堅、2017年初には若手、と30数名ずつのワークショップを追加で実施しました。

これらのワークショップの成果をまとめるに当たっては、広告会社のクリエイターに、コピーライティングとデザインを依頼しました。ワークショップ最後の時間には現場に来て発表を聞いてもらい、皆の思いや雰囲気を感じた上での制作です。おかげで、「ちがう未来を、見つめていく。」という言葉で始まる素敵な文章にまとまり、大好評。この文章を「スピリット」、3つの具体的な方針を「アクション」として整理し、全体を2030年に向けた「東工大ステートメント」としてまとめることができました。

図1）東工大ステートメント

また斬新なデザインのポスター兼リーフレットに仕上げ、全教職員や2017年度の入学式で全員に配布しました。ホーム

図2）東工大の未来を語り合う大ワークショップ（東工大のホームページより）

ページや広報にも活用されました。

　さらにもっとたくさんの学生や教職員が、気楽に東工大の現状や未来について話せる場を夢見たところ、2017年秋に「東工大の未来を語り合う大ワークショップ」が、207名（学生60名、教員53名、職員66名、執行部・卒業生28名）もの参加を得て実現しました。多様な学内関係者が、東工大の一員として「対等」な立場で、東工大の現状と未来について語り合う場が実現し、そこから様々な種が生まれ、展開し続けています。

▼この事例から何が学べるか
・学年全体や全学を対象とした組織的な取り組みにしていくには、教員自身がえんたくんでの対話など参加体験型のワークショップ的な場を体験し、その魅力を体感しておくのが重要。
・少人数クラスでのグループワークの進め方は、しっかり作り込んで共通のものとして共有しておく。さらに細かなところは各教員の裁量で自由に展開できる余地を残す。事後のふりかえりで常にアップデートするのが大切。
・執行部にも、対等な話し合いから新たな知恵が生まれてくる場を体験してもらえると、全学での組織や風土の改革につながる。

（中野民夫）

＊＊＊

（用いた手法）
　ワールド・カフェ（32頁）

（参考）
「東工大ステートメント」：（https://www.titech.ac.jp/tokyotech2030/）
「東工大の未来を語り合う大ワークショップ」：（https://www.titech.ac.jp/news/2017/040094.html）

〈組織運営・改革〉

地方自治体の行政評価
～空気を変えて情報やアイデアを引き出し評価を創り出す～

▼概要
　地方自治体の行政評価は全国各地で取り組まれています。行政職員による自己評価をチェックするために重要となる外部評価を行うには、様々な立場を持つ委員から情報やアイデアを引き出すこと、行政職員と適切なコミュニケーションを短時間で行うことが求められます。宝塚市（兵庫県）等では、ファシリテーションを取り入れることで地方自治体の行政評価の外部評価をより円滑に、より効果的に進めています。

▼この事例で伝えたいこと
・学識経験者、有識者、公募の市民、行政の幹部職員など、様々な立場の人が集まる場でのファシリテーションを行う工夫
・硬くなりがちな雰囲気を変え、対立的になることを予防する工夫
・短時間で委員から専門知識や情報やアイデアを引き出す工夫

▼詳細内容・プロセス
▽地方自治体の行政評価とは
　地方自治体の行政評価とは、都道府県や市区町村等が実施している施策や事務事業の必要性や有効性、費用対効果を評価するものです。全1,788団体の約60％にあたる1,099団体が制度化しており（総務省調べ、2017年6月現在）、行政職員による自己評価を基本とするものですが、その内の約半数では学識経験者や有識者、公募の市民等をメンバーとする委員会による外部評価も実施しています。地方自治体の行政評価は説明責任（accountability）を果たすことや、政策を改善することを目的として実施されており、外部評価には行政評価制度の設計やそれによる自己評価の適切さのチェック、役所の内部からは得られない情報の提供やアイデアの提案などの役割が期待されています。このような目的や役割から、硬い雰囲気や対立的な状態になったりしがちですが、それを改善して機能を高めることにファシリテーションは役立っています。

▽行政評価の外部評価とは

　行政評価を導入している地方自治体の46.4％、510の団体が自己評価と外部評価を組み合わせた評価制度を導入しており、さらに1.2％、13団体が外部評価だけの評価制度を導入しています（総務省調べ、2017年6月現在）。外部評価は学識経験者や有識者からなる委員会により行われ、公募で選ばれた市民が参加することも一般的です。人数は5・6名程度の場合が多く、宝塚市で外部評価を行う行政評価委員会も委員長である筆者（窪田）を含む6名の委員で構成されます。

　外部評価の役割は、評価制度が適切に運営されているかチェックすることと、自己評価でなされた個別の施策や事業の評価が適切であるかチェックすることです。後者については、委員の持つ専門知識や経験、生活から得た情報などにより、自己評価で効果的とされた政策が実はそうではない、あるいはその逆の指摘をします。さらに、外部評価は行政職員の自己評価では得られない政策についてのアイデアを得るためにも行われています。アイデアには行政職員が役所の内部では言えないことを言ってもらうことも含まれます。

▽外部評価の課題とファシリテーション

　地方自治体の行政評価の外部評価は、3・4年かけて全ての施策と事務事業を評価します。開催は、少なければ年に1回ですが、5・6回程度開催し、その年に評価した分について外部評価報告書を作成して首長に提出するのが一般的です。毎回の委員会は数時間程度で、委員長のあいさつに始まり、10分から長くても1時間程度で1つの施策やそれを構成する事務事業を外部評価しますが、硬い雰囲気や委員と行政職員が対立的な雰囲気になることもあります。

　その原因は、開催場所が役所内でも重要な会議を行う立派な会議室である場合が多いこと、公開されていること、議事録が作成されること、幹部職員が臨席している場合が多いこと、行政評価や外部評価の目的が直感的にはわかりにくいこと、外部評価する個々の施策や事業の内容が多岐にわたり専門的であること、にも関わらず1つの施策や事務事業の評価は短時間で行わなければならないこと、説明を行う職員の姿勢がオープンマインドではない場合が多いことなどです。こうした中で、外部評価への委員の積極的な参加や発言を引き出すには、チェックインやアイスブレイクなどファシリテーションの技法が役に立っています。

図1) 硬い雰囲気の行政評価委員会

▽チェックイン

　毎回の委員会を始める際にチェックインを行います。委員同士で2人1組になり、「宝塚のおすすめスポット」など、話しやすいテーマで1分間トークを行います。この時、会場には外部評価を行う行政評価委員会の委員のほか、事務局を務める行政職員やその日最初の施策・事務事業を説明する行政職員がいます。彼・彼女らにも同様に1分間トークに参加してもらいました。

　難しいテーマで議論し、相手が喜ばないことも発言しないといけない、そしてそれを慣れない場所で短時間で行わないといけないというのが地方自治体の行政評価の外部評価です。とにかく会のはじめにその場所で前向きに話してみる、できれば話すことに慣れるというのは重要です。

▽アイスブレイク

　宝塚市の行政評価委員会は年間6回、7月から9月に集中して開催されますが、その始めの頃にアイスブレイクを行います。「政策評価を漢字1文字で表すと」というようなテーマを示し、短く時間を区切って全委員に考えてもらいます。「改」「創」といった漢字で表したとして、その字を選んだ理由を1人ひとりに発表してもらいます。各委員が外部評価について適切に理解しているか分かるだけではなく、それぞれの人柄や経験、この委員会の活動にかける意気込みなども分かり、それぞれの前向きな気持ちやイメージが相乗効果を生んだように思われました。

▽課題

　1回の会議では複数の施策・事務事業を評価しますので、説明を行う行政職員が交代するのが普通です。交代があるごとにチェックインなりアイスブレイクを行えればよいのですが、時間の都合もあってそうもいきません。そのため、交代によって会場の雰囲気が硬いものに戻ってしまうこともありました。

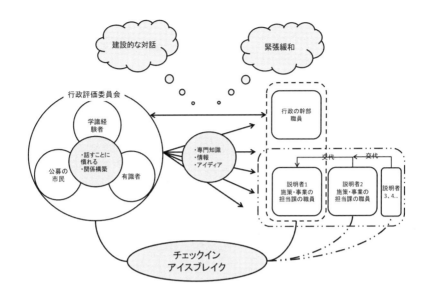

図2）行政評価とファシリテーション

▼この事例から何が学べるか

　筆者（窪田）は約20年にわたり行政評価の外部評価と関わってきました。ファシリテーションとの関わりも10年以上になります。この２つを組み合わせることを思いつき、実践したのは比較的最近のことです。委員や行政職員など関係者に受け入れられるか不安もありましたが、やってみれば好意的に受けとめられました。こうした意外な組み合わせ、ファシリテーションを活用できる場はまだまだあるのではないでしょうか。また、手法の点でも、試す価値のある有用な手法が多数あります。

（窪田好男・池田葉月）

****

（用いた手法）
　チェックイン（22頁）、アイスブレイク（23頁）

第4章

ファシリテーションの今とこれから

進化の真っ只中にあるファシリテーション

　2009年11月、私はペガサスカンファレンスと呼ばれる組織に関する世界会議に参加するためにシアトルに足を運びました。アメリカ内外問わず世界中から組織の運営に興味がある人が1,000人規模で集まった世界会議でした。前夜祭として参加した対話のプログラムはワールド・カフェの開発者の1人のデビット・アイザックによるワールドカフェでした。プログラムのスタートは素敵なアーティストによる歌から始まり、デイビットの語りと問いの投げかけにより話し合いが始まっていきました。世代も人種も違う人たちが穏やかな表情

図1）ペガサスカンファレンス

で語りあうその光景はいまだに思い出に残っています。次の日は学習する組織の著者ピーター・センゲによる基調講演でした。驚いたのはその基調講演の内容の素晴らしさもそうだったのですが、会場内に展開されているグラフィック・レコーディング（グラフィック・ファシリテーション）でした。2人のグラフィックレコーダーが交互に基調講演で話されている内容を美しい絵や言葉、そして飾りつけで壁に貼られているロール模造紙に記録していきます。基調講演終了後はたくさんの参加者が集い写真を撮ったりそれを眺めながら意見交換をしていました。1週間の滞在は私にとってとても新鮮で思い出深いものとなったのです。当初想像していた世界会議への予想・イメージを大きく裏切っ

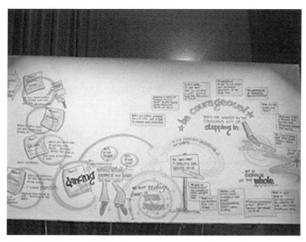

図2）リアルタイムに進むグラフィック・レコーディング

た内容だったのです。当然ロの字型の会議室での話し合いや一方通行の講演会のようなものはほとんどなく、様々なワークショップが会場のホテルの様々な部屋で行われ、年齢・業界・性別を超えて対等に楽しくそして深く話し合いが行われていたのです。

　ここ10年は日本のファシリテーションという分野に大きく変化があった10年ということができるかもしれません。日本から海外にファシリテーション技術を学びに行く人も増えましたし、たくさんの一流の外国人ファシリテーターが日本にやってきて、その最先端の理論や技術を日本に伝えてくれました。最近、若者の中には将来ファシリテーションを仕事にしたいという人も現れ始め、日本においてもファシリテーターという役割が市民権を得はじめたと言えるかもしれません。プロのファシリテーターでなくても市民活動や企業活動など様々な場面でファシリテーションという言葉が使われるようになり、一般の人でもその技術を活用し、会議を運営したりプロジェクトを運営するようになってきている気がします。この本で学んだ各種手法を携えて、皆さんが活躍できるフィールドは今たくさん広がっているということができると思います。

　この章ではこのように変化し広がっているファシリテーションの今の潮流とこれからをいくつか焦点を定めて見ていきたいと思います。

①少人数の場から大人数の場へ

　ファシリテーションの場の適正人数は何人でしょう。船頭多くして船山に上るという言葉があるように、人が多いと話し合いは難しくなります。ファシリテーションの技術も最初は小中規模の技術が発展していました。しかし、まちづくりの分野や組織開発の分野が発展していく中で、より多くの関係者（ステイクホルダー）が参画して未来を考えるアプローチへのニーズが高まってくることになります。そこで生まれてきたのがこの本にも取り上げられているワールド・カフェやオープン・スペース・テクノロジーなどのホールシステムアプローチという手法群です。人数が多くても全員で対話できるアプローチがどんどん発明されていきました。これらの登場により100人でも1,000人でも対話型のワークショップを開催することができるようになりました。例えばまちづくりの分野では従来、計画づくりは有識者を集めた数人の委員会や担当の行政職員が作ったたたき台を、パブリックコメントなどの仕組みを使って意見を募集し、改善を図るという形式で進んでいました。このような一部の市民の意見を吸い上げるという方法でしか実現しなかった未来のまちづくりへの市民の関わりが、より大人数参加できる市民参加のまちづくりの対話の場として実現することが可能になりました。より多くの市民の声に基づいた計画づくりから、市民と行政の協働プロジェクトによる実施までできるようになってきました。企業においても一部経営層や企画部などが考えていた将来ビジョンや商品企画などを、より多くの従業員を巻き込んだ会議が運営できるようになり、多角的なアイデア検討ができるようになったり、組織ビジョンや新商品コンセプトへの関わりが社員にも増えることで、組織へのコミットメントも高まっていくことになりました。さらに昨今ではオープンイノベーションと呼ばれる、一企業の枠を超え、業界を越え、消費者、生産者の枠を超えた対話によるイノベーションなど、より大きな広がりが社会全体に生まれてきていたりもしています。

②調整型ファシリテーションから生成型ファシリテーションへ

　上記の人数にも通じる話ですが、ファシリテーターの在り方もバリエーションが広がりつつあります。特にビジネス分野で普及していたファシリテーションはいかに効率的に参加者の意見やアイデアを引き出し、結果を生み出すかが重要な使命でした。そのためにファシリテーターが問いを投げかけ、話を引き出し、論点の違いを明確にし、まとめ上げるといった、高度なかじ取りをする

ファシリテーターがたくさん活躍をしました。テレビ番組の雄弁な司会者を想像するとよいかもしれません。短期間で新しいアイデアをたくさん生み出したり、洗練された計画を作り出せるファシリテーターは様々なところから引っ張りだことなりました。

同時にそういったファシリテーターが活躍する組織やプロジェクトはファシリテーター依存になるケースも見られました。ファシリテーターが話題を振るまで待ってしまうような受け身の参加者を生み出したり、アイデアや計画は生まれるもののそれに対しての主体的なアクションが生まれにくかったり、ファシリテーターがいなくなると途端にプロジェクトが進みにくくなるということも起こりました。また、前項で既述したように対話の場の人数が増えてくると、上記のような調整型のファシリテーションは難しくもありました。

そんな中、生まれてきたのが指揮者のように場に投げかけたり、アイデアを整理したりするファシリテーターではなく、生成型の待つファシリテーターです。ファシリテーターは過度に指名したり、かじ取りしたりはしません。ファシリテーターが用意したり、時には場から募った「問い」をもとにして、うまくグループサイズを調整しながら、参加者同士が影響し合い、内省や探求を育み、自ら結論に導いていく場を作ります。参加者主導の対話の場のファシリテーションが発展してきたのです。ピーターセンゲが「学習する組織」として提唱した経営者中心の組織運営ではない、1人ひとりの学びと成長を中心とした組織経営の概念の普及とともに広がっていった手法とも言えるかもしれません。

③言葉中心から感情・感性・右脳的アプローチへ

例えば絵画やオブジェを使って集団で探求するようなアプローチは心理学などの分野では昔からも使われてはいました。最近では、まちづくりやイノベーションの分野でも言葉以外のアプローチが着目されています。組織の良い状態を粘土やレゴブロックなどで表現するワークショップや町の未来を寸劇で表現するワークショップなど、言葉だけでは表現・探求しきれない世界を言葉以外の方法を使って表現・探求していくのです。感性・直感・右脳的な部分を重視したアプローチともいえます。

また普段、ビジネスの現場の会議ではロジカルであることが求められやすいですが、最近では社内の人間関係や組織風土などの文化の重要性が認識され、

話し合いにおいて感情というものをいかに扱えるかが大切だと思われるようになってきました。頭（mind）の議論にとどまらず、心（heart）の共感、あるいはもっと奥の信念（spirit）の部分も話し合いの中で重視されるようになってきています。

特に近年は報酬や罰といった外発的動機付けによる経営から1人ひとりの「〜たい」という夢や望みを大切にする内発的動機付けによる経営が増えています。内発的動機付けの探求につながる感情をベースにした対話手法も増えてきています。

社会全体として左脳中心的な社会から、右脳的なものの価値が見直されはじめています。また頭だけでなく心や時には身体感覚やスピリチュアリティなども活用する対話の場も生まれてきています。

④ロジックから物語へ

プレゼンテーションには大きく分けて2つの形態があります。それはロジックを明確にしたプレゼンテーションと物語を中心としたプレゼンテーションです。前者は訴えたいことに対して、そのメリットや実現可能性などを論理的に説得力を持って語っていきます。聞き手は批判的にそのプレゼンテーションを聞き、その論理展開に矛盾がなかった時、納得し賛同することになります。一方物語によるプレゼンテーションは、例えばヒーローズジャーニーと呼ばれる

第一幕 出立。離別	日常の世界 冒険への誘い 冒険への拒絶 賢者との出会い 第一関門突破
第二幕 試練・通過儀礼	試練・仲間・敵対者 最も危険な場所への接近 最大の試練 報酬
第三幕 帰還	帰路 復活 宝をもって帰還

出典：クリストファー・ボグラー『神話の法則―ライターズ・ジャーニー（夢を語る技術シリーズ5）』ストーリーアーツ＆サイエンス研究所、2002年

旅路のステップが有名ですが、話し手の紆余曲折の物語を語ることによって伝えたいメッセージを伝える方法です。聞き手は話し手のうまくいっている時やそうでない時などの浮き沈みのストーリーを聞くことで、話し手に共感を持つようになります。批判的ではなく同じ目線で話を聴くようになっていきます。良いプレゼンテーションを聞いた時には、心のつながりを感じたりすることもあります。

　このような物語の力を活用する動きもファシリテーションでは盛んになってきています。本書でも紹介したようなストーリーテリングはまさにその力を活用したものです。問題解決のためのロジックに基づく話し合いは分断を生みやすく、課題解決につながらない時もあります。最近ではストーリーテリングを通じた対話を行うことで、参加者同士の共感を生み、関係性を育み解決策を見出すアプローチが注目されているのです。

⑤要素還元的なアプローチからシステミック・ホリスティックなアプローチ

　医者は患者の病気に対して診察して治療を行いますが、問題解決などの話し合いも同じように問題を特定し、分析し、解決策を導こうとしていきます。しかしそれらのアプローチは対処療法的な結果に終わってしまうことがあります。根本治療をしていないため、同じ症状を繰り返したり、またある問題の解決策を実施していたら、その解決策の行動が新たな問題を生み出してしまったりというようなことです。これは実社会の様々な仕組み・対象が複雑に入り組んでいることによって起こります。そういった複雑な問題をシンプルな原因・結果の構造ではなく、その複雑な要素のつながりに着目して問題解決を行うことをシステム思考といいます。複雑な因果関係を可視化して、その中の解決のレバレッジポイント（少ない力でより大きな変化を生み出すポイント）を探してきます。最近では組織内の様々な出来事や社会問題など複雑に要素が絡み合っている問題でこれらのアプローチが活躍しています。複雑なものを複雑なまま捉えること、全体性を意識しながら探求することが大切になってきます。

⑥未来創造の様々な方法

　テクノロジーの進化はスピードを増し、シンギュラリティという言葉もあるようにより私たちは未来が不確かな時代を生きていくことになりそうです。企業活動ではより一層のイノベーションが求められるようになってきています。

そういった中、アイデア発想法やイノベーションの手法論はどんどん進化を遂げてきています。ブレインストーミングなどのシンプルなアイデア発想技術を越えて、デザイン思考のプロセスやフューチャーセッションなど各種技術が開発されています。現在の延長戦で未来のことを思考するフォーキャストと呼ばれるアプローチから未来から逆算して考えるバックキャストと呼ばれるアプローチも増えてきています。

　以上いくつかの切り口でファシリテーションの今の潮流や未来の方向性を見てきました。これからもたくさんの理論や手法が発明され、この分野は進化していくと思われます。近年ではインターネットの発達により映像会議を使ってより多くの人がリアルタイムでやり取りができるようになってきました。今後はバーチャルなファシリテーション手法も発展していくでしょう。

　また10年前はまだまだファシリテーターという役割は社会に広まっておらず、プロのファシリテーターとして、仕事としてファシリテーションをしていく人は多くありませんでした。しかし日本ではその数が急増しています。しかしその数は海外には及びません。海外では建築に強いファシリテーター、テクノロジーに強いファシリテーターなど別の専門分野と組み合わせることでより具体的な変化を生み出していくようなファシリテーターも増えてきています。また、プロのファシリテーターでなくてもチーム内、組織内のファシリテーターは増えてきています。より創造的な場を作る人材の登場が待ち望まれています。ファシリテーションを学んで活躍できる舞台は日本や世界に広がっているのです。

（嘉村賢州）

結びにかえて〜京都から生まれる職能としてのファシリテーター

「ファシリテーション」への高まる期待と広がり

　この本の執筆者は37名です。まず、京都を拠点に活動してきた編者が3人集い、SNSで各々が繋がる現場最前線でファシリテーションを実践する人々に呼びかけました。若者に「ファシリテーション」の価値と魅力を伝える本を出版したいとの思いに共感し賛同して手を挙げて下さいました。執筆メンバーは、20代の若者から60代の熟年まで世代は幅広く、且つ偏ることなく綺麗にグラデーションしています。また、活動の現場は大学、行政、企業、NPO、地域社会と実に様々で、分野もまちづくりから教育、福祉、市民活動、ビジネス、アートと多様です。地域も沖縄から北海道まで広がっています。

　「ファシリテーション」をキーに、これだけ多様な分野と地域の広がりが生まれるとは正直思っていませんでした。驚きでした。この嬉しい想定外が生まれた要因はどこにあるのでしょう。1つは、「ファシリテーション」が様々な分野の問題解決や未来創造に欠かせない概念と手法になってきていることが挙げられます。また、「ファシリテーション」の現場で取り組み、価値と可能性を見出して、深めたい、広めたいと思っている人々がいたことです。

　もう1つは、どうも「京都」にあるようです。3人の編者は京都を拠点にそれぞれ異なる立場や分野で活動してきて出会いました。なぜ、「京都」からなのか、思い出を辿ってその経緯を整理したいと思います。

参加型まちづくりが当たり前でなかった頃

　ここでは、3人の編者が関わった京都の参加型まちづくりの分野において、「ワークショップ」や「ファシリテーション」が京都の地でどのように展開され、人を育て、人が集まってきたのか振り返ってみます。

　今では当たり前となった参加型まちづくりが、特別な取り組みだった頃、京都で市民参加のまちづくりが始まった20年ほど前から話を始めましょう。当時、3人の編者の内、鈴木康久さんは行政職員、筆者谷口知弘は大学教員として京都に働き暮らしていました。嘉村賢州さんは数年後に大学生となり京都で暮らし始めます。まだ3人は出会っていませんでした。

　まず、私が「ファシリテーション」という言葉に初めて出会った頃の話から

始めます。1996年から1997年にかけて京都市の市民参加による公衆トイレ建替事業のワークショップに参加しました。完成後「嵐山さくらトイレ」と名付けられたトイレの建替は、京都市では初めて市民参加によって基本設計を行った施設整備でした。近隣住民や利用者の話し合いから女性専用トイレという画期的な公衆トイレが実現しました。京都市で市民参加推進計画が策定されるのが2001年ですから、その5年前、京都市が行政施策として市民参加に取り組む少し前のことです。研究者も行政職員もコンサルタントも学生も手探りで現場から参加型まちづくりに取り組み始めた頃でした。様々な立場で集まった有志は京都市役所のF会議室に夜な夜な集まり熱く議論したことを懐かしく思い出します。手探り故に、みんなワクワクしていました。参加型まちづくりの黎明期、熱を帯びた時期でした。この実践が1つの契機となって京都市の市民参加の制度整備やまちづくりセンター（財団法人京都市景観・まちづくりセンター、1997.10設立）設置の動きが加速します。

　この時、ワークショップのプログラム作成にあたって参考にした本が世田谷まちづくりセンター発刊の『参加のデザイン道具箱（1993.08)』とヘンリー・サノフ氏が著し、小野啓子氏、林泰義氏が翻訳した『まちづくりゲーム―環境デザイン・ワークショップ（1993.05)』でした。ワークショップに関わる本はごくわずかで、ファシリテーションを冠した本はまだなかったと思います。本書執筆者の一人中野民夫さんの著書『ワークショップ～新しい学びと創造の場』が刊行されたのが2001年ですから、その前です。この頃、まちづくりの分野では、言葉として「ワークショップ」は良く使いましたが、「ファシリテーション」や「ファシリテーター」はあまり使っていませんでした。「ワークショップ」を進めるための技術の1つとして位置付けていたように思います。改めて、「参加のデザイン道具箱」を読み直して、「ファシリテーター」の解説があることに気づきました。ここでは、「平等に意見が言え、より民主的な会議を進めるためにファシリテーターの概念が生まれました」と、ファシリテーターの必要性を捉え、「ファシリテーターとは中立的な立場から会議の進行役を務める人です」と定義づけています。この解説から、合意形成に重きを置いた調整型のファシリテーションを想定していることが読み取れます。この項の前段でワークショップの解説があり、ワークショップは楽しいだけのイベントではなく会議の一種であること、通常の会議とは異なり自由な意見交換による創造行為と合意形成に焦点を置いていることが説明されています。この説明か

ら、当時ワークショップ自体の理解がまだまだ進んでいなかったことが読み取れます。まさに参加型まちづくりの理論や手法を模索していた黎明期でした。

少し長くなりますが、まちづくり分野におけるファシリテーション黎明期の位置付けがよくわかりますので、ここに全文を引用します。

> ファシリテーターとは何をする人ですか？
>
> まちづくりを進める場合に会議はつきものです。ちょっと一般的な会議の風景を思い描いてみましょう。円卓を数人がとりかこみ、地位の高い人順に座り、中心に座長がいます。そして、話し合いを進行するのも、最終的に承認を与えるのも、座長の役割です。はたして、従来の会議形式がまちづくりにふさわしいでしょうか。まちづくりは会社の経営会議とは違います。住む人に上下関係はありませんし、まちはみんなの共有財産です。そこで平等に意見が言え、より民主的な会議を進めるためにファシリテーターの概念が生まれました。
>
> ファシリテーターとは中立的な立場から会議の進行役を務める人です。声の大きな人や偏った立場からだけの話し合いにならないように注意するのも、建設的に無駄なく話し合いが進むように工夫するのもファシリテーターの役割です。それでは物事の中身を考えるのは誰でしょう。それは会議に参加している者全員の役割です。ファシリテーターは出された意見の良し悪しを判断しません。このように会議進行の役割と中身を考える役割を分担し、会議がスムーズに進むようにするのです。

参加型まちづくりと手法としてのワークショップの浸透と停滞

次に、その翌年1998年に、「嵐山さくらトイレ」に取り組んだメンバーが中心となって、「まちづくりゲーム」の著者で当時ノースキャロライナ大学教授であったヘンリー・サノフ氏を京都に招いて参加型まちづくりの手法を学ぶ研修会「Henry Sanoff Project 〜ほれぼれ出町づくりワークショップ in 出町商店街」を開催しました。準備段階でヘンリー・サノフ氏はフィールドがないと研修はできないと伝えてきました。座学で学ぼうと思っていた我々は大慌てでフィールドを探し、ワークショップを活用してアーケードの街路整備に取り組んだ出町商店街に協力をお願いしてフィールドを確保しました。3日間の研修会に全国から100名を越える参加者が集まりました。企画した京都の面々も全国から集まってきたみなさんも、学びたい、身に付けたいとの強い思いが溢

る出た熱気ある場となりました。京都に限らず全国的に参加型まちづくりへの関心と機運が急激に高まっていることを強く感じた場でした。

　動き出すと転がります。この翌年1999年、研修会のフィールドとなった出町商店街界隈で、鴨川公園の再整備にあたって参加型で基本設計をしたいとの打診が京都府よりありました。1つひとつの雫が集まって小さな流れが生まれようとしているような感覚を覚え感動したことを思い出します。地域の協力が得られて計5回のワークショップが企画され、主にヘンリー・サノフ氏の「まちづくりゲーム」の手法を活用してそのプログラムデザインに取り組みました。ワークショップでは、全体のファシリテーターを務めたのですが、振り返ると稚拙な進行でした。この本が当時あれば随分違ったファシリテーションができたのにと思います。このように、プログラム作成もファシリテーションもまだまだ手探り、試行錯誤の連続でした。この事業は京都府ではじめて公募参加型で基本設計を行った公共事業となりました。

　ここで、京都府の動きを見ておきましょう。京都市が市民参加推進計画を策定した2001年の翌々年、2003年に府民参画行動指針が策定されました。京都市市民参加推進計画策定に関わったご縁で府民参画行動指針策定にあたって設けられた府民参画行動指針検討委員会に参加の機会を得、その後の京都府の府民参画の事業に関わります。そして、府庁NPOパートナーシップセンター（2007.05.07開設）の設立に関わって、当時京都府職員であった編者代表の鈴木康久さんと出会います。このセンターは「協働」が大きなテーマでした。京都府庁旧本館に設置が決まり、協働推進にふさわしい整備をしたいと空間デザインに取り組みました。ただ、予算は非常に厳しい状況でした。お金がないというピンチは知恵を集め汗をかくことでチャンスへ変わりました。デザイン系大学の教員をしていた友人に家具の制作を相談し、京都府と大学との協働事業を企画し、既存のキャビネットを利用した受付カウンターでは、カウンタートップの製作を木工所に依頼したものの塗装の予算が足らず、オープン直前のゴールデンウィークに鈴木さんら担当職員と一緒に1日かけてニス塗りの作業をしました。まさに協働＝co-productionの実践をしたことで、素敵な空間が実現すると共に関係者の繋がりは強くなりました。この協働がこの本へと繋がっています。この頃、もう1人の編者嘉村賢州さんは、大学生となり紹介制町家コミュニティ「西海岸（2004.05-）」を試み1,000人を超えるコミュニティをつくる活動やIT企業を立ち上げるなど、学生の間では有名な存在でした。

この頃、嘉村さんと一度すれ違っています。大学コンソーシアム京都の演習で知り合った学生の紹介で出町商店街界隈のまちづくり拠点となっていたコミュニティカフェで仲間とミーティングする学生起業家の嘉村さんに会いました。それから15年の後に一緒に本を書くなど思いもよらないことでした。京都らしい縁の結び方です。さて、鈴木さんはその後、行政職員として、まちづくりファンドである公益財団法人京都地域創造基金（2009.03設立）の設立に関わり、住民主体のまちづくりを支援する京都府地域力再生プロジェクトを担当します。その頃、大学を卒業し就職で上京したものの再び京都に戻り任意団体「場とつながりラボhome's vi（2007.09設立）」を立ち上げた嘉村さんと鈴木さんはOST（オープン・スペース・テクノロジー）の研修会で出会います。京都府でセミナーやネットコミュニティ形成などの事業に参画し始めました。プロのファシリテーターとして立とうとしていた嘉村さんとの出会いから鈴木さんは大きな学びを得、庁内や現場で自らファシリテーターを務め、加えてファシリテーターを養成する事業の展開と、その動きを加速していきました。

　以上、1996年ごろから2007年ごろの京都の参加型まちづくりの動きを見てきました。この約10年間は、行政施策の計画・実施のプロセスに市民が参加する行政への市民参加の取り組みが始まり定着していった時代でした（第1世代）。勝手連で集まり熱を帯びて実験的実践を行い、学びの場をつくりました。その後、行政の市民参加の制度整備が整うと職員研修が行われるようになり、施策として参加型まちづくりが実施されるようになりました。市民主体のまちづくりを目指した時、プロセスとして市民参加や参加型まちづくりがあり、手法としてワークショップが注目され、急速に浸透していきました。一方、行政でのプロセスと手法の定着は、やがてルーチンとなり型どおりの市民参加、参加型まちづくりが繰り返されることになります。創造行為よりも合意形成により重点が置かれるようになり、ワークショップは情報公開と市民参加を担保する行政にとっての魔法の杖となっていきました。振り返るとどこかで疑問を感じつつも小さな流れが大きな流れとなり、その流れに浮いていたように思います。

　そんな時、転機となったのが門川大作京都市長が公約に掲げた京都市未来まちづくり100人委員会の実施でした。

行政への市民参加から多様な主体が知恵を集め行動する協働へ

　2008年8月に第1回を開催し始まった京都市未来まちづくり100人委員会

（以下、100人委員会）は、まちづくりについて、市民が主体的に白紙の段階から議論し、行動、実践する「行動する委員会」です。従来の行政が設置する委員会は、行政施策に市民が参加する市政参加でしたが、この委員会は、その領域を拡張し、市民が自ら問題を発見し未来を創造する市民主体のまちづくりを育てる場をつくることが求められました。この未来的な委員会の事務局運営委託団体の公募が、特定非営利活動法人やボランティアグループなどの任意の非営利活動団体を対象に実施されました。そこで、応募採択されたのが、私が所属していたNPO法人アートテックまちなみ協議会と嘉村さんが代表をしていたNPO法人場とつながりラボhome's viでした。2つのNPOが共同で受託することは異例でした。後から関係者に話を聞いたところ、嘉村さんの団体の事業提案は新規性、独自性があり創造的であって高い評価を受けたそうです。一方20代のメンバーで構成された出来たばかりの若いNPOに運営を委ねることに不安の声が上がり、設立10年を数え実績もある私が属するNPOと共同で運営委託するアイデアが出されたそうです。これもなんとも京都らしい選択です。結果、行政主導の参加型まちづくりに取り組んできた第1世代（≒ワークショップ世代）の私と第2世代（≒ファシリテーション世代）の嘉村さんが再び出会い、一緒にワークショップのプログラムをつくり運営することになりました。ワークショップの企画運営については15年の長がありましたので、多少のプライドを持って参加したのですが、嘉村さんが提案する新しい手法やプロセスに驚き戸惑うばかりでした。それはそうです。ホールシステムアプローチも知らず、ワールド・カフェやオープン・スペース・テクノロジーの手法も初めてでした。新鮮で刺激的でした。第1回でしたか、第2回でしたか、初めてオープン・スペース・テクノロジーの手法を用いて場をつくった時、100人の参加者が次々と立ち上がり、フリップボードにテーマを書いていきました。20人以上がテーマを提案したでしょうか。この光景には感動しました。

　こうして始まった100人委員会には、運営側にも委員側にも第1世代と第2世代がいました。お互いが刺激し合い学び合っていきました。ただ、圧倒的に第2世代から学ぶことが多かったのは言うまでもありません。経験を重ねたプライドなどすぐに折れてなくなり、ワクワクしながら必死で学び取り組みました。2011年の12月第3期終了まで3年半に渡って嘉村さんと一緒に取り組んだ100人委員会から多くのことを学び数え切れない繋がりが生まれました。これは、参加した委員もスタッフも同じことでした。100人委員会は、地域の問題

解決を市民主体で実践するプロジェクトを生成する過程を通して、参加したすべての人々が市民主体のまちづくりの考え方や手法を学び成長した人材育成の場になっていたのです。

この100人委員会に参加した市民や行政職員、研究者や専門家は、それぞれの地域社会や団体、各行政区の第2期基本計画（2011年度〜2020年度）の中で、100人委員会で学び身につけた考え方と手法を駆使して市民主体のまちづくりに関わって行きました。各区で展開されているカフェ系事業と称されるワークショップ形式の場づくりを見ると、本書執筆者が関わった事業は「下京町衆クラブ（下京区）」、「左京朝カフェ（左京区）」、「中京マチビトカフェ（中京区）」、「伏見をさかなにざっくばらん（伏見区）」、「ふらっと西京（西京区）」、「やましなGOGOカフェ（山科区）」と6つもあります。また、すべての事業でコンサルタントや研究者、京都市のまちづくりコーディネーターなど専門家がプログラムづくりとファシリテーションに関わっています。

このように、2008年の100人委員会から始まる10年は、市政へ市民が参加する参加型まちづくりから、市民主体で取り組む協働型まちづくりへと変化し、ファシリテーションが職能として確立していった時代だったと見ることができます（第2世代）。

また、職能の確立を促し、プロのファシリテーターの誕生を後押しした大きな力は民間企業でした。編者の嘉村さんはじめ、執筆者の青木将幸さん（青木将幸ファシリテーター事務所）、ちょんせいこさん（株式会社ひとまち）、西村勇哉さん（特定非営利活動法人ミラツク）や野村恭彦さん（株式会社フューチャーセッションズ）らは、民間企業から仕事を受けプロのファシリテーターとして活躍されています。このように、企業がファシリテーションに注目するのは、急激に変化する社会状況の中で、従来型の開発や人材育成の限界に気づき、イノベーティブかつソーシャルな企業活動を目指す企業が増えてきたことにあります。

このように、持続可能で平和な社会の形成には、行政セクター・企業セクター・市民セクター問わず、「人を信じること」、「人の集まりと話し合いから生まれる創造と関係が創る未来」を大切にするファシリテーションの概念と手法が益々求められると考えています。

知恵を集めて未来を創ろう

　本書に集って下さった執筆者は、それぞれの分野での日々の活動の中で、「ファシリテーション」と言う概念（コンセプト）と手法に価値を見出し、試行錯誤を繰り返しているファシリテーターたちです。参加者の持ち味を活かしたより良い場を創りたい、そして、より良い未来づくりに貢献したいと学び考え悩み試みることを繰り返しています。

　若者も熟年も、まだ新しい「ファシリテーション」という世界では共に学び合う若手なのです。この本を手にしたみなさんも、私たちと同じ「ファシリテーション」の若手に仲間入りしました。本書に示した既存の手法や実践例をなぞるだけでは、危機的かつ複雑な問題状況から課題を設定し、より良き未来創造をすることはできないでしょう。本書をきっかけに「ファシリテーション」に価値を見出してください。まずその概念（コンセプト）としてある「人を信じること」、「人の集まりと話し合いから生まれる創造と関係が未来を創ること」を大切にしてください。そして、新たな手法を開発しましょう。共に取り組む人々と試行錯誤のプロセスを共有し知恵を集めて未来を創っていきましょう。

　最後になりましたが、36名の執筆者のみなさんに感謝を申し上げます。昭和堂の大石泉さんには、本書出版の構想が生まれた時から伴走していただき、適切なアドバイスと迅速な作業をしてくださいました。何より、編者のわがままを根気強く寛容に見守り段取りをつけて下さったことで出版を迎えることができました。心よりお礼も申し上げます。そして、編者からの呼びかけに共感し賛同いただき手を挙げ下さった執筆者のみなさま、本当にありがとうございました。

（谷口知弘）

索引

あ行

AoH(アート・オブ・ホスティング) 123, 174, 175, 177
アイスブレイク 8, 11, 20, 22, 70, 71, 73, 126, 144, 145, 148, 159, 211, 212
アイデアカード 79, 81
アイデアスケッチ 196
アクションプラン 41, 96-98, 100, 101, 149, 180
アクティブ・ブック・ダイアローグ®(ADB) 56, 154, 180
アクティブ・ラーニング 130, 133, 207
アクティブ・リスニング 135
アサーション 135
アプリシエイティブ・インクワイアリー 123, 175, 176
安心安全な場の形成 140
インタープリター 54
インタビュー 14, 24, 25, 31, 40, 87, 100, 110-112, 119, 120, 127, 167, 172, 176, 187, 195, 196
インタビューワーク 167, 172
ウィッシュポエム 114, 116
ウェルカムトーク 8
ウォーミングアップ 22, 56, 88, 156
8ブレス―8つの呼吸― 175, 176
A is To be 127
エコシステム 84, 182, 183, 185
演劇ワークショップ 68, 69, 102, 103, 105, 128
えんたくん 44, 171, 172, 203, 207, 209
エンパワーメント 4, 185
OARR 9, 21, 88
オープン・クエスチョン 24, 25, 46, 47, 62, 63, 193
オープン・スペース・テクノロジー(OST) 14, 36, 37, 40, 83, 91, 175, 218, 227, 228
オンライン・コミュニケーション 138, 140, 141
オンライン・ファシリテーション 138
オンライン・ファシリテーター 138, 140, 141

か行

カードゲーム 179, 180
紙芝居プレゼンテーション法(KP法) 54
関係の質 198-201
QFT(Question Formulation Technique) 56, 60, 180, 181
共感マップ 196
good & new(グッドアンドニュー) 22
グラフィッカー 49, 205
グラフィック・ファシリテーション 5, 9, 14, 48, 95, 97, 132, 216
グラフィックレコーディング 48
グランドルール 10, 60, 88, 183
クリティカルシンキング 123
グループサイズ 13, 14, 20, 219
グループワーク 44, 50, 67, 120, 131, 132, 134, 138, 140, 143, 144, 164, 171, 172, 207, 209
クローズド・クエスチョン 24, 25, 62
傾聴 24, 31, 42, 62, 63, 106, 135, 139, 140, 143
KJ法 5, 27-29, 80, 96, 97, 99, 114, 115, 120
KPT法 52, 53, 88
合意形成 12, 32, 46, 69, 113, 119, 122, 124, 192, 224, 227
コーチング 62
コミュニケーションティーチング 68, 69
コレクティブストーリーハーベスティング 148
コンセントリックサークル 147, 148

さ行

参加体験型セミナー 162
参加型読書会 56, 154
参加型まちづくり 223-229
シナリオプランニング 64
「じぶんAtoZ×まちAtoZ」 119
「じぶんの型×まちの型」 119
四面会議システム 114, 116, 122, 124
樹形図的思考整理法 50, 51
SWOT分析 124
ストーリーテリング 14, 30, 31, 148, 169, 192,

221
スピーカーズコーナー　88
寸劇　196, 219
生成型ファシリテーション　218
ソーシャル・イノベーション　182

プロジェクト型学習　58（PBL）
プロトタイピング　43, 194, 196, 197
ペアワーク　120, 143
ペーパータワー　23
ホームグループ　207
ホールシステム・アプローチ　36
ホワイトボード・ミーティング®　14, 46, 187, 189

た 行

ダイアログ　14, 41, 155, 156, 182, 183, 195, 196
対面式ディベート　122, 124
短歌ワークショップ　119-121
チーム対話　43
チェックアウト　20-22, 88, 112, 155, 171, 176, 195-201
チェックイン　11, 20-22, 38, 43, 56, 59, 88, 112, 123, 127, 139, 147, 155, 167, 171, 175, 192, 195-201, 207, 211, 212
調整型ファシリテーション　218
デザイン思考　3, 12, 13, 194-197, 222
トーキング・オブジェクト　33
ドット投票　43

ま 行

マイプロジェクト　58, 166-168
マグネットテーブル　14, 40, 43, 56, 152, 167
まちづくりカフェ　90
まちづくりゲーム　224-226
マンダラート　197
未来志向　126, 127, 129, 146, 185
未来のステークホルダー　42
未来を新聞記事として表現する　66
musubi サイクル　147
モア・レス　127
模型づくり　196

な 行

20行法　195
２分割リフレーミング法　127

や 行

4マス自己紹介　152

は 行

ハーベスト　15, 16, 33, 34, 152, 174-176
バックキャスティング　66, 98, 100, 101
発散と収束　11-13, 176
ハテナソン　60, 178-181
場のデザイン　68, 90, 93, 139
場のレイアウト　13
反転増幅法　196
ピースメイキングサークルプロセス　10
PDCA サイクル　135
「140字じぶん紹介×まち紹介」　119
フィードバック　133, 144, 145, 164, 166, 168, 169, 172, 176, 184
フィッシュボウル　43, 144
フューチャーセッション　38, 42, 43, 96, 150-153, 186, 187, 190-192, 222
プラスのストローク　134
プラットフォーム　82, 102, 146, 147
ブレインストーミング　26-28, 38, 43, 66, 73, 74, 95, 96, 114, 115, 196, 222
ブレインライティング　26, 196
プロアクションカフェ　38, 40, 83, 149, 182

ら 行

リフレーミング　140
ロールプレイ　43, 70, 158, 159
ワールド・カフェ　5, 14, 32-35, 40, 43, 56, 80, 81, 83, 114, 116, 123, 127, 131, 133, 149, 152, 172, 183, 187, 208, 216, 218, 228

執筆者略歴 （五十音順）

青木将幸（あおき　まさゆき）
ミーティング・ファシリテーター。家族会議から国際会議まで、あらゆるジャンルの話し合いの進行役をつとめる「会議のプロ」。著書に『ミーティング・ファシリテーション入門』『アイスブレイク・ベスト50』など。淡路島在住、43才。落語と釣りが好き。

天岡昌代（あまおか　まさよ）
京都市まちづくりアドバイザー。同志社女子大学大学院文学研究科修了。専門は日本史。寺院、町家資料館での勤務を経て現職。地域の歴史文化を活かしたまちづくりが専門。地域と行政、企業と連携したまちづくりに取り組む。

荒川崇志（あらかわ　たかし）
NPO法人 場とつながりラボ home's vi 理事。ホールシステムアプローチやデザイン思考をベースにしたワークショップによって地域、企業、行政と共に組織変容のサポートやプロジェクト創出に取り組む。

飯塚宜子（いいづか　のりこ）
地域文化の多元性の視点から教育実践を構築する研究組織「マナラボ 環境と平和の学びデザイン」代表。博士（ソーシャル・イノベーション）、専門は地域研究、環境教育。京都大学東南アジア地域研究研究所所員。同志社大学非常勤講師。

池田葉月（いけだ　はづき）
京都府立大学大学院公共政策学研究科博士後期課程3回生。専門は公共政策学、政策評価論。主な論文として「日本における業績スタット」、「評価研修におけるワークの難しさと座学の重要性」など。

嘉村賢州（かむら　けんしゅう）編者紹介参照

川嶋　直（かわしま　ただし）
2014年から公益社団法人日本環境教育フォーラム理事長。1980〜2010は公益財団法人キープ協会で環境教育事業を組織内起業。著書に「就職先は森の中〜インタープリターという仕事」「KP法」、共著に「えんたくん革命」など。

木原麻子（きはら　あさこ）
京都産業大学現代社会学部准教授。自治体、民間企業勤務ののち大学生を対象とした進路支援、キャリア教育に従事。産学連携型課題解決型授業のプログラムや教材を開発。編著に『課題解決型授業への挑戦 プロジェクト・ベースト・ラーニングの実践と評価』。

窪田好男（くぼた　よしお）
京都府立大学公共政策学部教授。博士（人間・環境学）。日本評価学会理事、宝塚市行政評価委員会委員長、他。専門は公共政策学、政策評価論、公共政策学の教育手法。著書に『日本型政策評価としての事務事業評価』、『公共政策学』、『公共部門の管理と評価』など。

久保友美（くぼ　ともみ）
龍谷大学地域公共人材・政策開発リサーチセンター博士研究員。博士（政策科学）。専門はコミュニティ政策、NPO論。京都発・日本初の人材育成システムである「地域公共政策士」の開発、運用、

調査、研究に携わる。

佐藤賢一（さとう　けんいち）
京都産業大学生命科学部教授。博士（理学）、ハテナソン共創ラボ 代表理事、アイデア創発コミュニティ推進機構 理事、Q ラボ 理事。専門は受精の分子機構、ハテナソンの設計と実践。

佐野淳也（さの　じゅんや）
同志社大学政策学部准教授。1971年、徳島市生まれ。国際協力、環境 NPO、まちづくり会社など様々な仕事遍歴を経て、大学教員の世界に。専門はソーシャル・イノベーション、NPO 論、地域づくり、ワークショップデザイン。

滋野浩毅（しげの　ひろき）
京都産業大学現代社会学部教授・ボランティアセンター長。博士（文化政策学）。成美大学、京都文教大学を経て、現職。専門は文化政策、まちづくり。著書に『人をつなげる観光戦略』、『京都発 NPO 最善戦』など。

滋野正道（しげの　まさみち）
龍谷大学文学部・政策学部非常勤講師。株式会社基地計画取締役。若者と地域の協働をテーマに、探究市民を育む環境づくりに携わる。専門は地域自治組織研究、キャリア教育。

篠原幸子（しのはら　さちこ）
NPO 法人 場とつながりラボ home's vi 理事。NPO 法人京都子どもセンター理事。産学官民問わず、組織変容のサポート・プロジェクト創出、立場や主義を超えた合意形成の場づくり、コミュニケーションのトレーニングなどに取り組む。

鈴木康久（すずき　みちひさ）編者紹介参照

鈴木　陵（すずき　りょう）
教育分野の NPO 職員を経て、京都産業大学教育支援研究開発センター事務室 F 工房コーディネータ。ファシリテーションに関する専門職員として、学生ファシリテータの養成、大学内の授業や課外活動のコンサルティング等に携わる。

谷口知弘（たにぐち　ともひろ）編者紹介参照

玉有朋子（たまあり　ともこ）
徳島大学 ファシリテーター。学内の対話の場づくりや、大学と企業間、教職員と学生など様々な会議やワークショップ等でファシリテーター／グラフィックレコーダーとして活動している。共著に『The Visual Facilitation Field Guide』など。

ちょんせいこ
株式会社ひとまち代表取締役。日本ファシリテーション協会フェロー。2003年に話し合いの手法であるホワイトボード・ミーティング®を開発。『元気になる会議〜ホワイトボード・ミーティングの進め方』、『ちょんせいこのホワイトボード・ミーティング』など。

筒井洋一（つつい　よういち）
1955年生まれ。前京都精華大学教授。富山大学以来、先進的な実践授業に取り組み、2016年京都精華大学を早期退職。その後、大学非常勤講師や Zoom エバンジェリストを務める。

中野民夫（なかの　たみお）
東京工業大学リーダーシップ教育院・リベラルアーツ研究教育院教授。ワークショップ企画プロ

デューサー。人と人・自然・自分自身をつなぎ直すワークショップを実践。主著に『ワークショップ』、『ファシリテーション革命』、『学びあう場のつくり方』（岩波書店）など。

西尾直樹（にしお　なおき）
北海道大学高等教育推進機構 CoSTEP 特任助教。産学連携組織で300人の研究者インタビューの映像配信。京都市未来まちづくり100人委員会運営事務局、COLPU コーディネーター、京都府協働コーディネーターを経て現職。科学技術コミュニケーターの育成に携わる。

西村勇哉（にしむら　ゆうや）
NPO 法人ミラツク代表理事。大阪大学大学院人間科学研究科修了。ミラツクでは、20名のリサーチャーと未来起点で大手企業の事業開発に取り組む。理化学研究所未来戦略室イノベーションデザイナー、関西大学総合情報学部特任准教授、大阪大学 SSI 特任准教授。

野村恭彦（のむら　たかひこ）
金沢工業大学 KIT 虎ノ門大学院教授。株式会社フューチャーセッションズ代表取締役、国際大学 GLOCOM 主幹研究員、日本ファシリテーション協会フェロー、日本ナレッジマネジメント学会理事など。著書に『イノベーション・ファシリテーター』など多数。

日高ゆき（ひだか　ゆき）
Marginal 研究舎代表。NPO 法人ワークショップデザイナー推進機構理事、京都市市民協働推進コーディネーター他。これまでに NPO 法人学習開発研究所、NPO 法人フリンジシアタープロジェクトに所属し、教育やまちづくりのワークショップデザインに携わる。

深川光耀（ふかがわ　こうよう）
(株) 計画情報研究所、京都市まちづくりアドバイザーを経て、花園大学社会福祉学部専任講師。専門は、住民主体のまちづくり、対話の場づくり。中京クーチャーセンターや中京マチビト Café にファシリテーターとして関わる。

藤　正三（ふじ　しょうぞう）
一般社団法人地域問題研究所主席研究員。京都の㈱地域計画研究所の研究員を経て、生まれ育った愛知県にある一般社団法人地域問題研究所において地域の課題解決に向け、まちづくり、むらづくりを住民とともに考えて取り組む。専門は公共政策、地域振興など。

堀　孝弘（ほり　たかひろ）
京都市ごみ減量推進会議職員。企業、生協職員から環境 NGO 専従スタッフ、大学職員、大学講師（京都市内5校で非常勤）、自治体管理職などを経て2015年より現職。自治体の環境基本計画の策定支援や推進に携わってきた。

松井朋子（まつい　ともこ）
京都府の協働コーディネーター職等を経て、京都市まちづくりアドバイザー。NPO 法人や地域活動団体の支援と民間・行政間のコーディネートが専門。日本評価士学会認定評価士。

松原明美（まつばら　あけみ）
一般社団法人こころ館代表理事、内省教育プロデューサー、6 seconds 認定 SEI EQ アセッサー。企業・行政・学校等の各セクターと連携し、人材育成事業を行う。2017年より同志社大学大学院総合政策科学研究科 SI コース博士後期課程在籍。著書に『母なる木』など。

宮木一平（みやき　いっぺい）
京都産業大学現代社会学部教授。NPO 法人 GNC Japan 代表理事、NPO 法人グローカル人材開発センター監事、他。専門は、場のデザイン、ソーシャル・イノベーション、NPO 論、NGO 論、地

域活性論、PBL。著書に『いちから見直す公共的事業』など。

山口洋典（やまぐち　ひろのり）
立命館大学共通教育推進機構准教授。博士（人間科学）。社会心理学を専門とし、ネットワーク型まちづくり、災害復興、サービス・ラーニングなどのアクションリサーチを展開。著書に『ソーシャル・イノベーションが拓く世界』など。立命館SDGs推進本部事務局長。

山中はるな（やまなか　はるな）
高校卒業後、HIV/AIDS啓発活動に携わり、大学と院にてセクシュアリティ・性暴力を研究。（株）リクルートを退職後、女性と子どもへの暴力防止グループを主宰。京都市まちづくりアドバイザーを経て2015年より京都市ソーシャルイノベーション研究所勤務。

山本恵果（やまもと　けいか）
京都市職員。市民協働ファシリテーター。パーソナルコーチ。人がその人らしくいきいきと生きることをサポートするパーソナル・コーチングをはじめ、コーチングを広める講座などをライフワークにしている。

山本彩代（やまもと　さよ）
NPO法人場とつながりラボ home's vi スタッフ。ファシリテーター及びグラフィックレコーダーとして地域での活動創出や、社協・NPOのプロジェクト支援、企業の組織変革の支援に携わる。アクティブ・ブック・ダイアローグ®読書会の普及を行う。

吉永一休（よしなが　いっきゅう）
株式会社Eco-Navi研究所を経て同志社大学大学院（博士前期）修了。任期付職員として京都府府民力推進課で従事。現在、One Drops代表。持続可能な地域活動の企画デザイン等を展開。認定NPO法人FaSoLabo京都理事。

● 編者紹介

鈴木　康久（すずき　みちひさ）
京都府府民力推進課長等を経て、京都産業大学現代社会学部教授。京都市市民活動総合センター運営委員会委員、他。京都府職員として京都府NPOパートナーシップセンターの設立、運営に携わる。専門は公共政策学、NPO論、水文化。著書に『京都の地域力再生と協働の実践』（法律文化社）、『社会的企業論』（法律文化社）、『水が語る　京の暮らし』（白川書院）など。

嘉村　賢州（かむら　けんしゅう）
東京工業大学リーダーシップ教育院特任准教授。2007年に場づくりの専門集団場とつながりラボhome's viを設立。集団から大規模組織にいたるまで、人が集うときに生まれる対立・しがらみを化学反応に変えるための知恵を研究・実践。京都市未来まちづくり100人委員会元運営事務局長（第一期〜第三期）。コクリ！プロジェクトディレクター（研究・実証実験）。『ティール組織』（英治出版）解説者。

谷口　知弘（たにぐち　ともひろ）
福知山公立大学地域経営学部教授。工業デザイナー、大学教員、まちづくりコンサルタントを経て2016年より現職。ワークショップの専門家として、嵐山さくらトイレ、鴨川公園出町地区整備事業、京都市未来まちづくり100人委員会など市民参加のまちづくりプロジェクトに参画。まちづくりに市民が関わる協働型デザインプロセスの開発・実践に取り組む。

はじめてのファシリテーション――実践者が語る手法と事例

2019年10月25日　初版第1刷発行
2019年10月31日　初版第2刷発行

編　者　鈴木康久・嘉村賢州・谷口知弘

発行者　杉田　啓三

〒607-8494 京都市山科区日ノ岡堤谷町 3-1
発行所　株式会社　昭和堂
振替口座　01060-5-9347
TEL(075)502-7500／FAX(075)502-7501

©2019 鈴木康久・嘉村賢州・谷口知弘ほか　　　印刷　亜細亜印刷

ISBN 978-4-8122-1903-4
乱丁・落丁本はお取り替えいたします。
Printed in Japan

本書のコピー、スキャン、デジタル化の無断複製は著作権法上での例外を除き禁じられています。本書を代行業者等の第三者に依頼してスキャンやデジタル化することは、たとえ個人や家庭内での利用でも著作権法違反です。